明公啟示錄

范明公解儒學六藝

中華精英的蒙學教育 1

范明公——著

目錄

第一章

中華文明教化傳萬年

孔子儒學孝禮啟六藝

第一節

文化寶藏有方向有實踐
六經六藝孔子承上啟下

中華文明與文化，即國學大智慧的講授，最重要的就是為了傳承與教化。偉大的中華古聖人孔子，開創儒學體系，廣開教化之門，才造就了中華兩千多年的輝煌，我輩後人方可得知中華源遠流長之萬載文明。因此，我們在梳理文明框架、解密中華文字之後，用嶄新的視角，繼續深入挖掘上古時期的祖先大智慧，展開講解中華上古之教育體系、教化之道。

誠然，現代人對孩子的教育非常重視，孩子是國家的花朵與希望。無論是個人、家庭，還是國家層面，對教育都非常重視，因為後代的教育是國家、民族復興與強大的基礎，不僅僅對中華，對全世界都是非常重要的。

在此著重講講古人如何教育後代，同時將古今中外即現在和古代，以及中華和西方的教育比較一下，從而使我

們心中大概可以清楚，現在實施的教育和我們古人教化眾生的不同所在。其實，很多人都感覺，現在我們推行的整個教育體制，已經完全沒有中華自己的內容，完全都是向西方學。這樣到底對不對，應該不應該，有什麼利弊？當代中華和所有炎黃子孫都應該重視這個課題。

講授國學、中華文明文化時，大家認為應該先講解經典，其實我現在所講的都不離經典。前面《中華文明真相》系列講述了中華文明的起源，文明最基本的要素，語言、文字、文言文體系，中華的基本信仰、祭祀占卜、孝道文化，以及學習中華文明和經典的入手即萬經之首《易經》。《易經》占卜學，一定得學習孔子《易經‧繫辭》中教授我們的方法，占卜即是「以通神明之德」，從經典當中學習宇宙自然的規律，進而以類萬物之情，這就是我們學習的方向。不要開始就涉獵那麼多經典，沒有意義，先把《易經》學通、學透。因為所有的經典都源自於《易經》，《易經》學不透，其他經典學之亦無意義。

然而我於書中所講，大家僅能體會一點感覺，確實很難明白具體的占卜方法。有緣還得當面教授，不僅占卜出

卦象，之後還有卦形、卦意、爻變都很複雜，須得面對面教才有可能掌握。書中只是先為大家指一條路，梳理出大概的框架，以及國學體系的入門，而入門之後則需要窮一生之力鑽研。在此無法詳盡、深入、透徹的講授，因為我所講的本身就不是知識性的東西，也不僅是講一個理，並不是明白就行。理，我都會為大家全面講授，但不是明白了理就能用，並非所謂「書讀百遍，其義自見」。所有的經典、祖先的文化是一個大寶藏，不是自己看一看、理解了就能掌握，必須得親自動手挖掘，真正把寶藏挖掘、運送出來才能應用，此即謂有道有術。看似是道，但理僅是方向，落地的術是實際應用、實踐。

「學習」這兩個字，其實已經很明確的告訴我們，如何真正掌握智慧。學這個字，甲骨文的寫法表象表意即是，在家的學子兩隻手把玩算籌，即研究爻變、卦象；習字，甲骨文形象就是指小鳥真正飛起來，實踐飛翔。學道、學理，與練習、實踐，學與習，真正合起來才可以。學習祖先智慧，學習中華文明、文化體系，必須兩者結合起來。

孔子廣開教化之門，然而他到底使用什麼方法教導眾

生、度化眾生？孔子的教化體系是他自己發明創造的嗎？為什麼稱孔子為第一位最偉大的教育家？尊稱為「至聖先師」，孔子是第一位老師嗎？孔子的教化體系對後世的教育體制有何影響，又是如何隨朝代發生更迭的，其沿襲和演變過程如何，發展到現在是何情況？這些問題都會在後面的講述中一一解開。

孔子一向秉承述而不作、信而好古的原則，因此孔子的教化之道，及其儒學體系的形成，並不是孔子發明創造出來的，而是承繼上古時期一整套完善的體系，進行匯總、編輯、刪減，從而使之再次發揚光大，這是孔子的功業。儒學體系博大精深、寬廣恢弘，而描述儒學體系其實很簡單，最根本的就是四個字，「六經六藝」。儒學基本框架都在於此，六經就是「詩、書、禮、樂、易、春秋」，但現在其中《樂經》失傳了，因此又稱為五經，即詩、書、禮、易、春秋，都是孔子親自編撰，但不是他創造的。

常言之四書五經，其中四書是指《大學》、《中庸》、《孟子》、《論語》，是南宋末年，儒學中的理學家朱熹選編作注的，漢唐時沒有四書之說，只有五經，因此俗語

稱，漢唐推五經，宋末崇四書。其實，自元明清一直到現在，我們基本只聽說過四書，已經不在意五經了，宋末以後一千年也只認四書，但是漢唐時的中華儒學教育主推五經。四書之《大學》、《中庸》是從五經的《禮記》中摘取的兩篇文章，《論語》則是孔子去世後弟子們回憶孔子生前的言行錄，《孟子》和孔子更加沒有關係了，所以四書不是孔子親自編撰的。而六經是孔子親自編撰的，其中《樂經》失傳，因此儒學之完整體系，五經是根本，而後的所有經律論，都是從五經之中延伸出去的。

孔子編撰五經用於教化眾生，同時在教學實施方面採用的是六藝，即「禮、樂、射、御、書、數」。五經和六藝即是儒學體系的基本框架。歷史上，儒學的著作特別多，歷朝歷代的著名大儒也很多，比如漢之董仲舒、明之王陽明、清之曾國藩，都是著名的大儒，而其餘建功立業、歷史留名的儒生更是歷朝歷代都非常多。這些大儒、儒生所寫的文章，其實都是五經六藝演化、延伸出來的結果。我們研究儒學還是得從根本開始，即是從孔子親自編撰的著作、親自教化眾生的手段，開始研究才是正根。對於之後

的亞聖孟子、朱聖朱熹、心學王陽明，及其相關著作，都是後世大儒的延伸之作，須得先從根本上開始，而後再一點一點的逐步延伸研究。

儒學是中華文明文化的代表，是最圓滿、最成體系、最落地的，天地人都在其中。悠悠中華上下五千年，儒學體系起著承上啟下的樞紐作用，是最重要的。我為大家講授中華文明、國學文化，就要把最重要的、大的框架和脈絡首先勾勒出來，後面再細分講授、細化學習。儒學體系學好了，帝王學、玄學、陰陽學、兵法、醫學都是從此延伸出去，有緣我們即可不斷的學下去，都會逐步涉及。首先正本清源，把源頭理出來，之後有了方向和脈絡就好學了。

學習國學傳統文化，放眼望去眼前一片汪洋大海，不知從何進入，直接跳進去很快就淹死了，往往不得其門而入。因此，我們在前書中講授了一個儒學入門處，從《易經》占卜入門，但也僅僅能夠開個頭。在此我們開始再講授另一入門處，即教化之道，領略一下孔子如何教化眾生，如何教書育人。

根據孔子儒學教育的順序，我們先講六藝，再論五經。六藝，禮、樂、射、御、書、數，很多同學從未接觸過，所以不明白講的是什麼。雖然是孔子時期創立的五經六藝，但之所以我由此開始講解，一定與現在的孩子教育有著直接的關係，對我們現在的教養、教育必有啟發。其實不僅是中國家長，全世界的家長都有一個共同的問題，就是孩子到底如何教育，應該學習什麼？是否應該按照現行的教育體制、體系進行教育，從幼稚園、小學、初中、高中、大學，然後再步入社會？現在的教育有何利弊？學習古人究竟有何好處？既然講解、講授，一定不能脫離現實，都得是以現實為依歸。真正理解了古人的教化之道，再了解古今中外的對比後，相信我們一定都會有所啟迪。

　　我所講授的智慧體系，基本上都是大家從未接觸的，在此一起探討和交流。首先，六經六藝從何而來？前面大概介紹了六經，現在再講一講六藝，六藝就是六種教學方法、教學手段。禮、樂、射、御、書、數之中，禮，即禮儀、禮規、禮節，為六藝之首；樂，簡言之即是音樂；射，即射箭；御，即統御、駕馭、駕馬車；書，即書法、書畫；

數，即數學，但孔子時教的數學，不只是現在教育中數字科學的邏輯運算概念，也不僅僅是河圖洛書之數、大衍之數、天地之數，這些只是數學的一部分，此處的數代表的是宇宙自然的規律。

六藝可以說是當時的六項技能，是孔子時期的教學方法，有點類似於我們現在學科分類，有數學、物理、化學、英語、語文、政治等社會自然科學，分門別類的學習。六藝這六門技能，是孔子創造出來教授學生的嗎？不是的。孔子永遠都堅持，自己不去創造，遵循克己復禮，復周初之禮，永遠堅持述而不作、信而好古，包括六藝等一切儒學體系都不是孔子發明創造的。

《周禮・地官・保氏》中已有記載，「養國子以道，乃教之六藝，一曰五禮，二曰六樂，三曰五射，四曰五馭，五曰六書，六曰九數。」由此可見，六藝是周初「養國子以道」時所應用。國子即國家的精英，周初的時候就有精英教育，而那時的精英教育並不是面向社會所有人的，而僅是面向王公貴族的後裔，精英層、統治階級、士大夫、諸侯的子孫們，即國子教養之學。因此，周初的時候中華

就有一套完整的教化之道、教養之道，六藝並不是孔子所創，而是孔子恢復的周初之禮。

　　周朝開始到孔子時期，已經歷經五百多年的時間，此時周初的一整套周禮文化體系，包括政治體系、教化體系等都已經沒落了。到了春秋末年，孔子經常慨歎人心不古，當時社會制度等方方面面體系，都已經出現了問題。孔子發願要恢復夏、商以及周初，即三聖時代的體制。於是孔子把周初國家制定的精英教育六項技能，挖掘出來教化春秋戰國時期的學生，教化眾生。

　　孔子之所以是偉大的教育家，還有一個非常重要的因素在於他廣開教化之門。何謂廣開教化之門？我們知道在夏、商、周時期，直到孔子所在的春秋末期，所有的教育都是精英教育，即學習知識、掌握智慧，不是所有老百姓都能接受到教育的。那個時期分社會階層，等級很分明，帝王、士大夫、諸侯，層層分級，最後是平民及奴隸層，而這些平民、奴隸及其孩子是無法接受教育的。

　　因此，在孔子之前，所有的教育都是精英教育，比

如老子教書，不可能教授平民，一定都是教王公貴族。而諸如墨子、韓非子等所有諸子百家，基本上也都是王公貴族、精英層。然而，孔子開創了「有教無類」之先河，意即為任何階層的人他都教，平民、奴隸他也教，官員、諸侯、士大夫他也教，甚至帝王也教。孔子是第一位向平民打開教化之門的，而且是向整個社會廣開教化之門，門徒三千，其實何止三千。那時沒有人能夠教授那麼多的學生，基本都是只教幾個徒弟而已，即使如墨子教了幾個平民徒弟，也是挑選平民中的精英，特別有悟性、有緣的幾個人。但是，孔子有教無類，教化眾生，不分高低貴賤，這是他非常偉大的地方。

另一個重要因素是，孔子把面向大眾的教學內容同樣分門別類，分成六門課程，即從孔子開始我們才對大眾進行分科教學。孔子之前，諸如諸子百家，甚至建周的丞相姜太公，都是一對一教學、私授，並不是分出幾門課程，很多人一起學禮、一起學樂、一起射箭、一起駕車、一起寫字畫畫、一起學數。之前全都是師父針對個人單獨傳授，對不同的人教授的內容都是不同的，都是因人而異、因材

施教。

　　所以，當時諸子百家的教育，首先都是精英教育，第二就是因人施教，不會向大眾平民統一授課。而我們現在一個班級二、三十人，有六、七門課，今天的數學課大家一起都上，明天的語文課大家也一起來學，這種形式是從孔子開始的。

　　有人問：「老師，西方的教育，在孔子同時期是如何進行的？」

　　孔子三千門徒、七十二賢士，諸子百家百花齊放、百家爭鳴之時，正是我們的中華文明文化達到巔峰的時候。那時西方所處的階段，還不存在什麼教化，亞里士多德、柏拉圖等西方哲學家所謂的教育，並沒有一套成型的教育體系，前書《中華文明真相》中曾講過西方的哲學、自然科學，所教授的內容都不成體系，都是碎片式的，因此教出來的徒弟經常反對他的師父、否定他的師父，根本沒有文明之光。而東方的上古、中古文明，即大約三、四千年前夏、商、周時期的中華文明已經高度發達，那時的歐洲

根本無法橫向比較。

　　其實，不必在當時比較，即使是現在，都無法跟那個時期的中華文明相比，而且現在古人可以借鑒的文明智慧，已經基本失傳殆盡。夏、商、周時的一套體系，留傳到後來僅剩殘餘，還造就了強漢、盛唐，直到大宋、大明的鼎盛繁榮，其實僅是夏商周的一點遺跡，中華藉由這些體系的殘渣，亦可實塊領先於世界兩千年。現在，上古之神為我們留傳下來的文明和體系，連殘渣都不剩，無論好壞全都否定了、沒有了。

　　所謂教育，我們首先比較一下，夏、商、周時期的教育與現在的教育相比，哪個更適合真正的教化，我們更應該應用哪一套教育體制？事實上，六藝在周初時已經成型，《禮記》中直接記載著整套的六藝，因此絕不僅僅是三千年前，即周初時才出現，如果繼續查閱古典就會發現，夏、商時期一整套六藝體系，已經逐漸形成了。孔子只是把周初這套精英教育中成型的六門，直接挖掘、承繼、落地，重新形成了儒學的六藝。

顯然，六藝不是孔子發明創造的，而是夏、商、周留傳下來的，我們亦稱之為上古高度發達的神性文明其中的一部分。即神性文明在教養之道、教化之道方面留傳下來的六藝，孔子述而不作、信而好古，繼承落地、發揚光大，用六藝教化眾生，教授門徒三千，培養出七十二賢士。

六經，即《詩經》、《尚書》、《禮記》、《樂經》、《易經》、《春秋》。其實，六經也不是孔子自己寫作的，孔子真正自己落筆寫作的只有《十翼》，即對《易經》解讀的十篇文章。真正想研究孔子的思想，就要從孔子對《易經》解讀的《十翼》開始，這才是最直接的。研究孔子的思想不能像現在流行的一樣，從《論語》開始，《論語》是孔子的後世弟子對老師言行的記錄，然而弟子能夠領悟老師的境界嗎？很多記錄都是表面的理解，而且哪位弟子記錄的，基本全是他自己認為的意思，哪還能是孔子的本意？

漢唐時沒有用《論語》研究孔子的，而是到宋末、元初的時候才開始，即由朱熹開始用《論語》研究孔子，一直沿襲到現在，都是由《論語》開始研究儒學、研究孔子

了。其實，研究孔子至少要從五經或《十翼》開始，五經是孔子親自編撰的，《十翼》是孔子親自寫作的，一定要由此開始研究，而不能從《大學》、《中庸》、《論語》、《孟子》的四書去研究，其差距甚遠，根本無法知道孔子到底在說什麼。

漢唐時的儒學就是研究五經六藝。宋末開始，儒學研究的發展方向就轉向了，開始研究四書。若不是南宋末年中華的文化和文明導向已經轉變，元不太可能滅掉大宋。如果從宋開始，我們的文化體系還能像漢唐一樣延續下來，方向不發生轉變，北宋不可能被金滅，南宋亦不可能被元滅，這是中華民族的悲哀。文化和文明轉向，整個民族就會被動挨打，因此自從宋末開始，我們中華民族不斷的面對著外部侵略，一直都在被動挨打，直到現在。

中華民族到底怎麼了？就因為我們的文化導向出了問題，我們的信仰體系出了問題，我們就沒有力量了。力量到底去哪了？後面我會專門講解這個問題。在此首先讓大家清楚，文化、信仰對一個民族的興旺、衰落、以及崛起，有著至關重要的根本意義。只有專門研究文化的人才會真

正意識到文化信仰的重要性。

　　現在我們知道教化之道，六經六藝以及儒學一整套體系，都是孔子將上古高度發達的文明體系保存、歸納、總結，不加自己的創造，完整呈現給當時的世人。因此，孔子是真正承上啟下的聖人。然而，教化之道為何選擇周初的教化體系？六藝到底教授的是什麼？

　　其實，六藝早已失傳，非常遺憾，自從宋滅以後基本上就全部失傳了。現在已經沒有人能講出六藝是什麼，更無從知曉孔子時如何用六藝的技能教化眾生，其教學方法幾乎完全失傳。

第二節

鼎盛大漢精英教化之道
積極進取儒學中流砥柱

　　眾所周知，大漢時期中華英才輩出。我們稱為漢族，就是因為大漢的鐵血武力，以及大漢的文明繁榮，都達到了中華民族的頂峰，至今無法超越。之所以大漢文治武功皆天下第一，鐵血文明雄居世界之巔，正因為那些漢之精英才俊，年紀輕輕即可建功立業。霍去病十八歲開始征戰沙場、敗匈奴斬單于，而諸如此類的文臣武將，大漢比比皆是，少年英才輩出，這又是為何？現在中國的年輕人，不用說十八歲、二十歲，快三十歲了還像是未成熟的孩子，更不要提建功立業了，根本不懂事，還在啃老、被父母哄著。問題是大漢時的少年英才，和現在的年輕人有何不同嗎？其實人都是一樣的，區別在於整個教養體系、教化之道的不同。

　　前文講到，孔子是中華第一位偉大的教育家，有教

無類、分門別類、廣開教化之門，使平民能夠受教育，是孔子最偉大之處。又將夏、商、周留傳下來的完整教化體系、六藝技能教學，挖掘出來、傳承下去，並以此方法教授他的三千門徒。雖然孔子這套教化體系，在戰國後期也曾沒落過一段時間，因為孔子當時不是特別有名，尚未受到萬眾敬仰。而對孔子真正的崇敬即是從大漢開始，之後歷朝歷代的皇帝逐步為孔子加冕，所以歷史上稱孔子為「素王」，即中華文明文化傳承的「無冕之王」，亦稱為至聖先師。

漢武帝時期，大儒董仲舒進一步延伸表達了儒學體系，把天人合一的思想解讀出來，儒學實現了天地人的真正落地，真正為朝廷所用。漢武帝時期罷黜百家，獨尊儒術，還有一個朝代大背景，即劉邦建漢推翻大秦，而秦施行的是法家路線。

秦之所以能夠滅六國、統一天下，前有商鞅變法，雖未使秦富國，但很快實現強兵，秦嬴政在此基礎上又應用韓非子的法家學說治理國家，進而治理秦王朝，加上秦的丞相李斯也是法家代表，遵循的也是嚴刑峻法、紀律嚴明、

內外一致的法家思想。而法家特別適合短期建立高效率、戰無不勝的鐵軍，所以秦並沒有文明，就是武力殺敵。而當時的齊、燕、魯、趙、楚等國皆有文明，都有詩詞歌賦，但是秦從來不重視文明，只重視一點，戰場上殺敵多就能裂土封地、加官進爵，其他的一律不看。秦人上戰場個個如狼似虎，而把文明全部放棄，燕人、趙人、楚人、魯人、齊人卻還吟詩作對、歌舞昇平。

有人疑問：「老師，秦不講文明，那麼野蠻，那怎麼可能統一六國呢？」

冷兵器時代的社會不認文明，有文明不能戰場殺敵制勝，那種戰爭時期不講究、也不需要文明。所以我們中華長期以來都打不過北方民族，數次幾乎被滅族，其原因也是一個很值得研究的課題，我們以後專門詳細交流講解。而在此我們強調的是，秦王嬴政在戰國時期選對並抓住了重點，跟那個時期是否文明沒有關係，僅用法家思路建立一支鐵血、強大、甚至殘忍的軍隊，就此把六國剿滅。

但是秦在天下一統之後，應該做兩件事，一是應該把

六國的貴族根除，如此可以去除六國貴族重新聯合，推翻大秦的可能性。六國的貴族，即是原先的利益集團，如果不能斬草除根，後來一定重新生根發芽，最後推翻秦的就是原六國貴族聯軍。由此可見，秦始皇真的不夠殘忍，在歷史上其實也不是暴君，而是一位很大度的帝王。後來之所以被記述成那麼殘忍，都是因為歷史記錄中，他是敗國之君，漢推翻秦，而史記又是漢朝司馬遷所作，一定記錄秦的不好，以使自己的造反理由正當，甚至美化成替天行道，把被推翻的秦始皇醜化得一無是處。正如周文王推翻商朝，給商之末代帝王起名為商紂王，描述成荒淫無度、殘暴無比的昏君，所以周文王、周武王替天行道，推翻暴政。歷史本就一定是成功者書寫，即所謂成者英雄敗者寇。

秦始皇第一個錯誤就是沒有把六國貴族斬草除根。第二是過早的把周時的分封制變成了中央集權制，變革進行得太快，這是加速秦亡的第二個主要原因。第三則是經過春秋戰國幾百年的戰亂不斷，秦統一後，百姓都希望能夠安居樂業，生活能安定下來，然而秦始皇建國就開始修長城、修皇陵，大興土木、勞民傷財，同時繼續嚴刑厲法，

百姓不得休養生息，壓抑的時間過長。所以秦十五年而亡，並未實現秦始皇千秋萬代的變革理想。

劉邦建漢以後，意識到了這幾點，處理得非常到位，一是對待六國貴族聯軍的異姓王，劉邦登基稱帝以後，馬上開始誅殺征討異姓諸侯，分封各地的實力貴族，全部根除，只留同姓王，明確非劉不可稱王，這是劉邦心狠果決之處。第二，馬上取消中央集權制，分封各地、裂土封王，其實就是開始恢復周禮制度。第三，休養生息，讓百姓平靜、安定下來，不再有那麼多勞役，減免百姓徭役稅負，而且從自身做起，皇帝後宮皆勤儉持家，不勞民傷財。建漢之初即推行黃老之學的「無為而治」，不擾民，與民休息，朝廷減少官員派遣，讓百姓自行管理，自種白收，百姓安寧，實現「文景之治」。如此經過六、七十年的休養生息，漢初四代皇帝忍辱負重，很不容易。

有人又疑問了，「老師，漢不是已經統一天下了嗎？還要如何忍辱負重？」

其實，漢雖統一，但開始之時漢的中央政權，能管轄

25

的範圍只有關中平原及周邊一點，根本沒有多大的地方，劉邦雖然稱帝建漢，但登基第二天就又開始南征北戰，討伐諸侯，把漢家江山的疆域基本打下來了，覺得自己很強大了，就想把北面的匈奴禍患解除，漢高祖劉邦御駕親征、北擊匈奴。劉邦雖然英明神武，在中原範圍打仗的能力強大，但跟那時的匈奴相比差得太遠了，打到匈奴的地盤卻被敵方直接圍困在白登山，幾乎全軍覆沒，匈奴只需一次衝鋒就能滅掉劉邦。後來如何解白登山之圍？歷史記錄是用陳平之計，給單于閼氏寫信並賄賂，使其勸說單于放了劉邦，以後年年給你們進貢，不再與你們對抗，但是如果繼續剿滅劉邦，對你們反而不利，中土援軍救主復仇心切，可能會更加強硬對抗。加上單于本身也有疑慮，便故意露出圍困缺口，讓漢高祖得以撤退，劉邦才如喪家之犬似的逃回來。因此，劉邦之後的文帝、景帝，一直不敢再與北方匈奴對抗。

甚至劉邦去世時，匈奴冒頓單于倡狂至極，直接寫信給呂后，羞辱她說：「你老公已經死了，你就嫁給我吧，我才能保護你。」

而呂后受此侮辱，氣得咬牙切齒依然沒有發兵攻打匈奴，忍辱負重的笑語回信，「我歲數大了，已經人老色衰、姿色不在，不如我送給你十個年輕美女，以後每年也都給你進貢美女。」

　　面對這種侮辱，漢初之時沒有辦法，國力尚弱，只能忍辱負重，納貢求和，美其名曰和親。後來漢經過三代皇帝，近七十年的休養生息，與民休息，百姓安居樂業、積攢糧食，手工業和農業逐漸發達，國庫充盈，國力也強大了。但是前三代皇帝被匈奴欺負得一直不敢動，同時由於七十年推行黃老之學、無為而治，人人放下分別，無所謂好壞，信奉道法自然，人皆自然而然。

　　到漢武帝時是第四代皇帝，雖然國富民安，但武帝前期面臨的普遍問題是，百姓富足、國家安定，即飽暖思淫欲，人在很多情況下其實是安不住的。沒有飯吃的時候，生存受到威脅的時候，為了溫飽和生存而安於艱苦奮鬥，可以吃苦耐勞、勤儉持家。一旦富足以後，如果不能好好引領走上正路，如果沒有了方向，人就會吃喝玩樂，此即所謂飽暖思淫欲。漢武帝前期，整個民風就是驕奢淫逸，

吃喝不愁、生活富足、不思進取，全國官民都開始萎靡，大家全都無為而治，這套黃老之學、道家的無為而治、自然之道，再繼續推行下去，國將不國，不用外族來滅，自己就靡爛而滅了。

此時的漢武帝很痛苦，到底怎麼辦？漢武帝劉徹，少年時期即是雄才大略，很有抱負，知道北方對中原大漢的威脅，一直準備北擊匈奴，但是看著兵不像兵、民不似民的現狀，天天憂心忡忡，國是富了，兵可不強，也不知該怎麼辦。這時出現了一個人，名為董仲舒，向漢武帝建議必須放棄黃老之學，要有所作為，不能繼續無為而治，需要休養生息的階段已經過去，應該到此結束了，從此開始應該以一種積極的狀態發展，富國強兵。

漢武帝反問道：「如何富國強兵？罷黜黃老之學之後用什麼？再用法家嗎？」

那肯定不行，法家治國是無法長治久安，只可一時用於嚴刑峻法、立國強兵、改朝換代，而真正的帝王學是深藏於內的，不可能顯露於外，過剛者必折。後來，董仲舒

向漢武帝提議大興儒學，提出儒學這套體系才真正適合國家穩定發展、國富民強、富國強兵，而且儒家整套學說非常符合漢當時之現狀，可以讓大家積極向上、發奮進取。漢武帝採納了董仲舒的建議，統一思想，不僅罷黜黃老之學，而且罷黜百家，獨尊儒術。

所以，自漢武帝開始，舉國上下用儒學體系培養精英人才，文治武功、士農工商兵，都用儒學培養，即所謂罷黜百家，獨尊儒術。從那時開始，大家都知道漢武帝的雄才大略，大漢也開始真正解決北方匈奴對邊境的困擾，衛青、霍去病等諸多名將，一戰將匈奴打得七零八落、四散奔逃，進而逃回漠北，逃向歐洲。都是由於儒學、儒家思想，不僅有一整套方法，而且在思想領域讓百姓積極奮進，放棄自然無為的黃老之學。大漢才真正發奮圖強，儒學也才真正成為漢族的中流砥柱。

也正是自此開始，大漢時期的一整套精英教化之道，成為國家行為，而不是私塾教授，或者某位聖人、大德授徒的個人行為。漢武帝時由國家指令下去，教育體制分為小學、大學兩個階段，也都是董仲舒獻策於漢武帝共同制

定出來的，也就是我們現在正在講授的教養之學、教化之道，非常難能可貴。

第三節

小學之初社會之禮
識字為人孝道築基

　　我們就是在此交流，漢時到底如何教化精英。首先漢制精英教育分兩個階段，第一階段是小學階段，即七至十五歲上小學，漢朝與現在相同，也叫做小學，也是七歲開始上小學。但小學之後便不同了，漢制教化之道，第二階段是十五至十八歲上大學。我們現代教育，是小學之後繼續上初中、高中，上大學時已經接近十八歲，四年大學畢業，步入社會至少二十二歲，或有人攻讀碩士、博士，那步入社會就要二十五歲，甚至接近三十歲了，至此在社會上開始積累經驗，再開始發展。

　　漢時的青少年才俊，十八歲時大學已經上完，直接入朝為官，或者領兵上陣，直接施展文治武功，開始建功立業。也沒有十八歲上完大學後，在社會上慢慢鍛煉幾年的過程。因為在他們七到十八歲的小學、大學間，該學的都

學了，該練的也都練了。

七歲開始上學，首先學習灑掃、進退、應對。何謂灑掃？現在的小學生到學校，成人到單位，都有值日崗位，每天把工作和學習場所，從裏到外清掃乾淨，同學、同事都分工明確。何人組織、如何分工執行、每天如何輪流值班，這方面的教育漢時已經開始了，是在鍛煉團隊合作的精神，輪流值日、分工協作。比如，今天你掃廁所，明天我掃庭院，後天他掃教室。透過灑掃，形成了組織和團隊合作精神，既鍛煉領導力，又鍛煉服從力，還能鍛煉執行力。如果有怨氣多的，比如不願意掃廁所，那就得受罰。

進退，即所謂進退有度，同學與同學之間，朋友和朋友之間，甚至陌生人之間都有一個安全距離。見到老師要有禮，同學之間關係如何相處，矛盾如何處理，玩鬧之時應當如何，學習之時又當如何？進退即是人與人之間的關係。老師得教授學生，面對不同人群應該守什麼禮，對師長守何禮、對兄弟姐妹守何禮等等。

應對，是指社會禮儀，即我們所謂的情商。人在社會

上的禮儀規範也是從七歲上小學即開始教授，人們在社會上也有一整套人與人之間、人與物之間，人與事之間的禮規體系，也是需要系統教授的。

然而，灑掃、進退、應對這一套漢制教育的小學入學課程，現在已經沒有了。現在小學進入學校之後，只是教授英語、數學、語文等自然科學，所謂灑掃、進退、應對，老師自己都不懂是何意義。如何分工協作，應該保持怎樣的距離，人與人之間應該是什麼關係，人於事中有何規則，基本都不懂，因為現在已經沒有這種教化體系了。而在占時上學，首先要學的就是這個體系。

進入小學學堂，同時要開始學習《爾雅》，即學字。《爾雅》是我們中華第一部字典，也是儒學十三經中的一部經典，是《說文解字》的前身。七歲的學生進入小學，學習灑掃、進退、應對，學習《爾雅》，即七歲開始學字、學習禮儀、學習社會規範。

而關於七歲之前的教養，已有專門的《范明公精英教養》系列作詳細講解，在此簡單提及，孩子三歲開始教化，

不是讀書識字，不可以去背《三字經》、《千字文》，那不是七歲前的教化。真正的教化之道，是三歲時開始家教，教授在家中的一些禮儀規範，有對待父母之禮、對待外人之禮。即三歲以上的孩子就要教他，在外見到叔叔如何打招呼，見到小朋友要主動打招呼，要微笑面對，知進退、懂禮讓，在家坐有坐相、站有站相，吃飯、睡覺都有規矩，這稱為家教之禮，三歲開始學習家教之禮。

三歲的時候，學不學數學、英語、語文呢？在此明確，七歲前不可以有意進行任何知識類的灌輸教育，腦神經科學證明，這些知識教育絕不允許。不要以為自己的孩子五歲能背誦一百首唐詩，多麼厲害，其實這是害了孩子；孩子四歲，10以內的加減乘除都可以算，多麼厲害，這就是在害孩子，一定要清楚！不要認為是古代不允許這樣教育，其實現代很多先進發達的西方國家，法律明文規定，七歲以前不可以給孩子進行知識類的灌輸教育。在精英教養學系列中我已清楚說明，這其中都有很深的道理。中華祖先這一套完整系統的教化之道，不要認為沒有科學依據，其實擁有非常深透的科學依據。

那就什麼都不學嗎？孩子的自發學習是可以的，喜歡畫畫讓孩子學畫畫，喜歡書念也沒問題。我們講的是，不要灌輸、逼著七歲前的孩子學習識字、數學、英語等知識，七歲以前是不可以的；但是七歲以前一定要和其他孩子在一起玩，最好是在大自然中玩，在山裏跑，在泥裏滾，看樹葉、看動物，如此對孩子以後的智商、情商發展非常有益。不要把他局限在屋裏，不要坐在書桌前背《三字經》、《千字文》，學習唐詩、語文、數學、英語，那絕對是在害孩子。

　　而且七歲以前要教孩子家教，坐有坐相、站有站相、家有家規，這是孩子長大成人以後行事立業的根基，三歲開始就要打這個基礎。同時要知道，在外不可以影響別人，不可以大聲喧嘩，公共場所不可以使人討厭。現在好多孩子不僅在家裏是小霸王，任性乖張，出門在外也毫無規矩，這是不允許的。

　　七歲以後開始上小學，老師開始教授社會規範，即灑掃、進退、應對；學習《爾雅》即是識字；識字以後，繼續教授《孝經》，即是真正開始學習儒學的起修處。孩子

並不是從《易經》開始學習儒學，七歲的孩子也不可能從《易經》開始學習。而是學了《爾雅》識字以後，就從《孝經》開始起修儒學，一年後《孝經》學得差不多了，再開始修學《論語》，《論語》都是一句句、一段段的，比較簡單，適合孩子學習。

小學階段，為何剛開始要先學《孝經》和《論語》？因為《孝經》是整個儒學體系的根基。儒學從哪裏起修？就是從孝起修，忠孝是儒學的基礎，也是中華民族文明、信仰，以及文化的基礎，這套儒學體系就是從孝道文化而來，不忠不孝者與我們這套上古留傳的文明體系是隔絕的。我們中華的基本信仰，即是無神俱靈、敬天、法祖，這是我們最基本的根，只有牢牢守住這三大基本信仰，才真正有可能上「以通神明之德」，才可能下「以類萬物之情」，真正學通學透宇宙自然規律。做不到孝，敬天法祖就根本無從談起，怎麼可能學到本質的規律？這套規律就是來自於上古之神明、中華之祖先，不就是從孝開始的嗎？

如此，漢時小學就是從《孝經》開始學起。一部《孝經》看似簡單，其實很深遠，《孝經》十三篇內容簡短，

教授人倫之道，其中的理極為深透。七歲的孩子學一年《爾雅》，八歲開始學《孝經》。然而現在哪還有人曾經學過《孝經》？絕大部分中國人都沒聽說過《孝經》，都不知道《孝經》的存在。因此，中國人現在還有孝道嗎？說到孝道就認為是孝順父母，然而如何孝順父母？給父母錢、常回家看看，就能稱作孝順父母嗎？那其實不是真正的孝，孝道並非那麼簡單，其中含義頗深。

所謂小孝事親，然而到底何為對父母之孝？並不僅是能夠贍養父母、給父母金錢財富、給父母錦衣玉食，這些養親的行為，動物都能做到。人和動物到底有何區別？區別就在於真正事親的本意，是一個「敬」字，《孝經》真正告訴我們的是，贍養父母並非真孝，孝必得敬。對父母敬與不敬，才是孝的真正標準。多少人對父母根本不敬，甚至看不起父母，覺得父母不是高官、不發大財、不夠努力，所以自己不是官二代、富二代，還得從頭拼搏努力，給父母錢時都是趾高氣昂的，父母反而低三下四，那不是孝，真正的事親是敬，是真心敬父母。

中孝事君，所謂事君即為事國。現今有幾人能做到真

正的中孝？現在的中國人有幾個看得起自己的老闆？君相當於現在的老闆，即是提供飯碗、提供生存平臺的衣食父母。但是現在的員工，包括高階主管和中層員工，在下哪個不罵老闆、不想看老闆的笑話？能做老闆者，其人必有所長，為我們提供了工作崗位，就是衣食父母，我們也得從一個敬字做起。

在家不孝父母、不能事親，在外不事君即不孝於君，而不孝君亦即不孝國，就是不忠。現在的中國人崇尚革命，很多人六親不認，遺風留傳，曾經上不認父母，可以批判打倒父母，領導也要推翻、打倒、甚至整死，影響到現在的公司裏，幾乎沒有員工對老闆真正敬畏，全是表面奉迎，內心對老闆甚至都是恨，轉過臉就罵。整個中國不就是這種現狀嗎？哪還有孝？在家不孝父、不順母，在外不事君、罵老闆，對父母不孝，對企業就不忠，這些都是相連的。

何謂大孝？並非是忠於國家、忠於民族，有家國情懷，那尚屬中孝範疇。所謂大孝立身，即真正的大孝是修身、立身，修身、齊家、治國、平天下，最後能夠流芳百世、名垂千古，才真正是大孝。其實就是之前所講的聖人之三

不朽——立德、立功、立言。

　　儒學之教育是從孝開始起學，因此儒學不是天天看經典，而且只看《論語》也看不到上述這些中華民族的傳統美德，而且這些不僅僅是美德，同時也是中華民族繁衍生息、領先世界、繁榮壯大、屹立顛峰的根基所在。其實，整個中華文明就是孝文明，文明的一切都是由孝延伸出來的，可以參見解讀《孝經》系列的專書，好好講解中華孝道文化。

　　孝於中華絕非小事，只有中華民族講究孝，西方都不講究孝，甚至不知孝為何物。而中華所有的文明體系，包括社會制度、政治制度、宗教信仰等等，都是由孝延伸出來的。為何中華民族文明文化萬年不斷？為何我們經歷了上千年的、無數的大災大難、天災人禍，依然能夠繁衍生息？世界歷史上絕無僅有，只我中華能夠如此，正是因為都建立在孝的基礎上。

　　有人說：「老師，您是不是把孝講得太過了？」其實一點都不為過，甚至尚有不足。有緣必須好好講一講孝道，

就能夠知道我們漢唐時候的穩定體制，如何經歷宋、明、清、一直發展到近現代，整個制度體系依然穩定，社會體制與政治體制有機結合，不管如何改朝換代，只要有孝，整個社會不亂。首當其衝，我們根本不存在也無需考慮所謂失業率，國外的失業人口增加給予政府巨大的壓力，而且都是剛性的。而在中國，根本不需要統計失業率，之所以不存在，就是因為一個孝文化，把這些社會壓力全部解除了。所以，中國政府有孝作根基、有宗族制度，其實非常好管理，此處留在後面書中詳細講述。

在此先講結果，現在孝文化、宗族制、儒家思想都被打破了，沒有宗族就沒有家族，沒有家族就沒有血親，甚至父母都不認了，整個家族文化、孝文化徹底崩塌，每個人都是單一的個體，所以現在家中兄弟姐妹之間都互不幫助。一旦家道中落，便無人理會，直接全都推向社會，社會的包袱就會很重，民眾的怨氣也非常深重，政府亦無法管理，於是增加了非常大的統治成本。

後續我們會講到夏、商、周的政治體制、社會體制是如何建立的，為何那樣建立，為什麼能夠施行幾千年，一

直到清末都在延續？然而現在已經全都打破了。有人十分疑慮和恐懼復古，但當我們把其中道理講明以後，是否應該復古則心中自有論斷。其實顯而易見，並不是一切都要變化，我們中華民族有太多應該繼承和發揚的好東西，中華文明要想復興，就要真正在實踐中講復興，亦即從孝開始，從人人起修孝道文化開始復興。孝文化就是血親文化，血親文化就是家族文化、宗族文化，這才真正是社會最穩定的根基。

有人還難以接受，「老師，要是如您所說，那宗親文化、三綱五常都得復嗎？」隨後，我會認真透徹的講解一下何為三綱五常，為何立此綱常，又因何現在都沒了。

又問道：「為什麼要立這套綱常？那不是萬惡的舊社會，欺壓臣子婦女的封建糟粕嗎？現在婦女都已經解放了啊？」

現在的婦女哪有真正解放？實際上，婦女都累成了什麼模樣，外出工作就能稱為解放嗎？在家相夫教子就不是解放，就是欺壓嗎？我們可以橫向對比一下，現在的日本

是何狀況，是不是發達的資本主義國家？但是日本人結婚以後，女方安心在家相夫教子，而這些家庭婦女本身都是高學歷的。

其實，我們講的復古，並非現在瞬間反轉回去，而是要把禮講透，明白古人制定這套孝禮文化到底是何原因，知其然亦知其所以然，我們就知道了根本。然後再結合現代制度中符合規律性的部分，才是我們真正所謂之復古。

符合規律的都有其道理，先不要急於否定，認為古人的都不好，過時沒意義。但是古人有很多東西都沿襲了幾千年，包括體制等一切都是聖人所定，為何一直如此施行，難道聖人都迂腐過時了？顯然不是的。

我們正在講漢朝小學所學，《爾雅》識字，《孝經》、《論語》學為人之道、人倫道德的根本。其實，一切皆從孝中來。不孝，中華文明的一切都無法承接，都是隔絕的。之所以說孝不簡單，《孝經》至深的原因亦在於儒學的綱領都在其中。而漢朝時七歲學《爾雅》、八歲學《孝經》，到了九歲就開始學習《論語》，現在雖然都知道儒學《論

語》，但即使是中、老年人也幾乎無人真懂《論語》，在古代卻是小學的基礎課，而且會一直學習數年。

第二章

精英教育之基

上古六藝之首——禮

第一節
漢制教育室內外全面
六藝之首禮中正誠敬

漢制儒學的小學教育，還有一門更重要的課程，亦是本書之主題，即是六藝。六藝的學習，要貫穿七至十五歲這八年，前面講述了很多，即是告訴大家六藝究竟是什麼，因為整套六藝已經失傳。但真正把這套教化之道通達領悟以後，一看六藝即可知道是學什麼、如何學。

前文講述了漢時的小學教學，但僅是其中一部分。漢朝七至十五歲的小學教育，其實分為室內和室外兩部分，室內教化就是灑掃、進退、應對，以及《爾雅》、《孝經》、《論語》的教授；室外教化部分就是六藝，即為六種戶外活動，禮、樂、射、御、書、數。

禮，就是禮儀、禮節、行禮。小學為什麼要學禮？禮又為何成為六藝之首？從孔子克己復禮的修行方法與目標，可知禮有多麼的重要。孔子時期的眾生，人心不古，

禮崩樂壞，社會亂了，到底應該如何教化？所以，孔子致力於恢復周之禮。之前《中華文明真相》之祭祀之禮中，詳細講解過禮的重要性。禮即是一種祭祀的心態、一種規範。

真正行禮之時，人要中正、誠敬。行禮最講究「度」，即行禮有度，不可過亦不可不及，禮有不及就會給人趾高氣昂的感覺。行禮須當中規中矩，即行禮必合於度，大家才真正舒服，這才是真正的學問。小學即教授行禮，同學間有同學之禮，師生間有師之禮，長幼間有長輩之禮、有父母之禮、有祖輩之禮，上下級間既有領導之禮，又有下屬之禮，都講究禮。人人都要做到彬彬有禮，這是誠敬的相互表達，同時也是一種等級。一是等級，一是有度，禮中有太多學問，因此孔子將禮放在六藝的第一位。

實際上，所謂教化眾生，想要真正解決眾生的教化問題，即是要解決全民素質問題。現在的中國人是最沒有素質的，窮得只剩下錢了，中國人到了西方各國後，西方人都不用好眼色看待，雖然中國人現在非常有錢，所有的旅遊勝地現在都離不開中國人，但是不管到任何地方、花

多少金錢，根本得不到尊重，只會被看作是有幾個臭錢的沒素質之人。因何不堪至此？中國人現在是世界的幾等公民？公民等級依據什麼劃分，是以武力強大、經濟發達、財富巨大與否來劃分嗎？不是的，是以是否具備基本素質為依據劃分的。

有人說：「老師，中國人本就沒有素質，中國人也根本不懂何為素質。」

這種認識是錯的！所有中國人、所有的華人都沒有素質嗎？我們當下即可觀察，世界上有很多華人，其中臺灣人有沒有素質？新加坡華人有沒有素質？為什麼這些華人受人尊重？在新加坡，人與人之間彬彬有禮、禮節有度；新加坡人無論走到世界任何地方，走到歐洲，走到北美，人人都很尊重，並不是因為有錢，你對人有禮，人對你也有禮，才會尊重你。

然而，現在中國大陸的國人為何沒有素質？即因國人不知禮。吃飯時不知餐桌之禮，坐不知如何坐，走路不知如何走，人羣之中不知如何說話，遇人不知如何禮貌問候；

同事見面不知是微笑還是熱情，見到領導更是手足無措，見到合作夥伴亦不知應該握手還是擁抱，基本都是胡作非為、輕重無度、無端喧嘩。中國人究竟怎麼了？

我們一直在加強國民的素質教育，然而到底應該從何入手提高國民素質？僅是口說精神文明建設不行，關鍵是如何開始建設？其實，孔聖人早已提出這個問題，而且已經解決。孔子告訴我們，天下大亂、人心不古之時，若想教化眾生，就是要從孝開始教化。孝投射於外，即是外在的禮，心中無孝，外必無禮。孝是根本，體現的是敬，中華之敬天、法祖，亦是從孝而來。心中有誠、有敬，表現於外即是外行於禮；心中無孝，即是心中沒有誠敬，外必表現不出禮。

國人現在已經開始嚮往學習教化之道，書前的讀者同學多是立志於國學、傳統文化教育，都希望我們中華民族整體素質提升。其實，現在全民普遍的觀念，皆認為人倫道德需要昇華，然而這麼多年卻並未昇華多少。中國大陸的華人，與臺灣、香港、新加坡的華人曾經都是一樣，大家都出自於同一個根。難道華人之根是無禮之根嗎？

現在世界上最有禮的國家，眾所周知是日本，日本人對各種禮節特別講究，到任何地方都會帶給人很舒服的感覺。但是日本的禮儀禮節從何而來？並不是他們自己創造，而是從我們中華大唐所學。其實，學得並不一定真實全面，但是日本的禮已經是世界之典範了。此時，再想像一下我中華大唐時期何其有禮，其學生日本都能做到如此這般，大唐當之無愧為禮儀之邦，我悠悠中華自古就是禮儀之邦。

然而，我們的禮儀之邦，從何時開始禮儀不再？即是清末以後，至今不到兩百年，但是清末以前的幾千年，中華一直是引領世界的禮儀之邦。現在的中國已經變成如此模樣，無禮之時一切教化都不要再談，談何聰明，談何智慧！人若無禮，便不知何謂人倫道德，無禮者必無孝，不孝者亦必無禮。孔子立志治療、改變春秋戰國時期人心不古、天下大亂的局面，就從孝和禮的教化實踐開始。

全民推廣孝道，全民推行禮儀。具體如何推行？即以家為單位，首先孩子對父母要有禮，早晚問安；吃飯有餐桌禮儀，講究先來後到、長幼有序，長輩不入坐兒孫輩不能隨便吃；走路有先後，跟隨父母長輩走路應該是何狀態；

與父母長輩說話時應該是何狀態，如何聆聽，隨時隨地都有禮儀。可以看到現在的中國人，孩子都已經變成了忤逆之輩，行為已可謂大逆不道，對父母橫眉立眼、責罵訓斥，美其名曰任性、叛逆，認為社會革新，父母不能對自己如何管教，即使生之養之也不能如何，我行我素。

然而，自幼沒有家教，長大步入社會一樣失禮。在社會上沒有規矩，依然我行我素、任性妄為，聰明有何用？有能力又有何用？那些小的不經意的失禮行為，就可能斷送一生的前程。現在的中華大地上，真正知禮之人寥寥無幾，所謂教化之道，於當代之中國，華人要想真正昇華，使人發自內心的尊重，就要從自我做起，從自身做起，推廣孝道文化。首先從家庭中開始推行禮，每個家庭都要有一套禮儀、禮規。

其實中華老祖宗有一整套禮儀、禮規體系，但是後來都被打倒、被推翻了，最後中國人都變成了無禮之人，口說精神文明建設，教人心靈昇華，最基本的孝都做不到，最基本的禮都不知道，談何昇華！又憑何實現身心靈皆昇華？有何昇華基礎？

我們學習國學，學習儒學，一定不能只學虛的東西，我們一定要學實實在在的東西。真正認真研讀我的書中所講，當下就能夠知道如何學習國學、傳統文化這套博大精深的體系，絕不是僅僅把文字學明白、文言文學會了，就可稱為學習國學，也不是學了占卜就能通達經典，你就能成為國學大師的。雖然，那些知識類的東西也都是必需、必要的，也要去積累，但是一定要記住，還有踐行處、起修處，更重要的是在現實中起修。即是從自己的家開始起修，從自己的父母開始起修。

此處所講的父母，還是一種代表意義，代表的是我們的長輩、我們的君上、我們敬仰的人、我們的祖先等等。在家要孝，對父母盡孝、對長輩持孝；在外要忠，對君上即老闆盡忠，要真正發自內心的盡忠；而後以自身為榜樣，教化孩子對自己盡孝，教化晚輩、下屬對自己盡孝、盡忠，然後再教化我們的同輩對上盡孝、盡忠。

我們在講要盡孝、要盡忠，而所謂孝道如何顯化於外？即謂外行於禮，就是透過各種禮儀、禮節呈現出來，諸如言語禮節、形體禮節，又諸如保持距離、互不侵犯，遠無

不敬、近不曖昧，這都是基本的禮。從此開始踐行，才是
儒學文化體系的起修處。

　　儒學起修絕不僅是從占卜開始，為何《中華文明真相》
講授占卜之後，馬上開始講六藝，其實都是連帶相通的。
只會占卜，但不孝無禮，所學一定不是真正的國學。真正
的國學定是環環相扣，占卜須得誠敬，對神明和祖先都要
秉持一種誠敬的心態，即謂祭祀之心態，演化出來就是孝
道文化，孝道文化進而外顯於行即是禮，亦即我們學習儒
學體系、中華文明的起修之處，六藝開篇第一藝。

第二節

孝悌為根
儒學起修講次第

我們講解儒學六藝，即是重點講述中國自古以來，從上古中華一直到現在的教育體制，同時對比一下中國與世界的教育體制有何異同。前面籠統概述了聖人孔子，中華第一位教育家，之所以稱之為偉大的教育家，他的教化之道是什麼體系，以及孔子的儒學體系對中華文明文化的偉大意義，特別是對中華民族文明延續、發展和繁衍生息所起的決定性作用。

儒學六藝其實並非孔子的發明創造，而是周初留傳下來的教化之道，由孔子挖掘整理變成六門技能課程。孔聖人用六經六藝教育弟子和學生，其中六藝是孔子教育學生非常重要的六門技能，禮、樂、射、御、書、數。周時主要應用於培養精英弟子，即皇家、諸侯、王公貴族的子孫，是已經成型、成熟的六套技能。

前面講了第一藝禮的重要性，為何禮在六藝之首。現在著重講一下，中國的教育體制和西方的教育體制對比，以及古今中外教化之道的不同之處。而主題是以孔聖人教化眾生的教養之道、教育之道、教化之道，其中的六門技能課程，一門一門講解，同時比較一下歷朝歷代、古今中外的教育體制，對各朝代、各國家人才培養和選拔的作用和意義。

　　我們應該比較一下，現在大家都關心孩子，孩子的教育也是至關重要的大事。我們都是在這種教育體制下成長起來的，基本都有切身的體會，比較之後就能知道如何教育自己的孩子，否則現在還都是茫然，如何教育、向哪個方向教育，其實都是迷茫的。

　　現代西方教育體制如何而來？與我們中華古代的教育體制有何關係？現在教育體制基本上全盤西化，都在學習西方，但是現在這套教育體制到底有何利弊？我們要不要繼續跟隨這套教育體制，是否應該改革、改進、維新？對比現在的教育體制，我們就用上古聖人之教化，即先秦時期夏、商、周的教化，孔子恢復的周初禮樂教化，以及漢

唐時期應用的、和唐以後應用的教育體制。

做好比較之後，就大致知道古今中外的教育體制有何優劣，就明白孔子為什麼稱之為聖人，為什麼稱為偉大的教育家。雖然孔聖人距離現在兩千五百多年，時代久遠，但是那套教化之道能不能用於現在教育，是不是已經腐朽、僵化、固化，是不是應該扔進歷史的垃圾堆，我們簡單比較就能知道。儒學教化之道，孔子當年三千門徒、七十二賢士，之所以能夠教育、教化成為成功的賢士，首先是有教無類，人人可以受到教育，向平民打開教化之門，王公貴族一樣教化，不分貴賤。

再者，孔子的教化，分門別類幾個方面，即六經六藝，孔子不僅透過六藝，以戶外活動為主的六門技能，分別開展教化；同時七歲入小學學習灑掃、進退、應對，學《爾雅》識字，學《孝經》、《論語》打基礎。小學階段的前期，《孝經》是學習做人之道的根本基礎，識字之後學習為人之道，即聖人之三不朽「立德、立功、立言」，亦即《孝經》開篇「夫孝，德之本，教之所由生也」，孝乃立德之本，又是教化之源，想立德、開啟教化，必須從孝開始，孝是基

礎和源頭。

其實，就是開始修禮，禮也是從孝起修，而孝則要從《孝經》開始起修，這是有經典作課本的。所以漢武帝開始推廣儒學，即是從孩子七歲開始學習，《爾雅》是儒學十三經之一的經典，相當於字典；然後八歲學《孝經》立德，孝乃立德之本，學做人，人生在世的標準、孝的標準、善惡標準都在此經典中；學好《孝經》之後九歲開始學《論語》，《論語》記錄了孔子方方面面的言行，其實就是做事的標準，其中的美醜善惡，如何處理人際關係，即如何做事。所以有句古話，「半部論語安天下」，意思就是把《論語》學深、學透、學精，做事就有標準了。所以《孝經》和《論語》兩部經典深入淺出，是兩大根本，漢朝漢武帝以後的小學子弟，就是由《孝經》和《論語》開始由淺入深的學習經典。

從做人和做事的標準開始起修，學習三年以後開始學六藝，即十歲開始在學《孝經》、《論語》的同時，又開始學習禮、樂、射、御、書、數。漢時的孩子接受教育，在室內學習經典，誦讀《孝經》朗朗上口，聽老師講解《論

語》，室內經典學習大概占三分之一的時間，三分之二的時間在戶外學習六藝。

六藝的第一藝，禮，即所謂「內修孝悌，外行於禮」，於內修孝，一定會表現於外，外在呈現就是禮儀、禮規、規矩。因此，禮就是規矩、規範，而且知禮者內心必有誠敬，知禮者內心必有等級。父是父、母是母、長輩是長輩，對長輩有長輩之禮，對同輩有同輩之禮，對晚輩有晚輩之禮，君君、臣臣、父父、子子，禮儀體現的必是等級。中華古時候，包括上古時期，等級是非常森嚴的，不可逾越。現在的中國人根本沒有等級觀念，見到老師拍拍肩膀，見到領導開開玩笑；也不知禮，跟爸爸像哥們兒一樣開玩笑、拍肩膀，這在古時絕不可能，因為古代中國人非常注重禮，即是等級。

有人說：「等級不是已經被打破了嗎？那是封建社會的餘渣、餘孽，現在已經人人平等了，上下平等、官兵一致，我們都已經解放了、自由了啊！」

其實，這根本不是自由、解放。整個社會沒有等級，

其實就是沒有規範，沒有規範時上下就沒有界限，都在不斷的僭越、逾越和跨越界限。管理上，無論國家、企業、家庭，如果沒有等級，必然會付出巨大的代價，甚至最基本的規矩都無法實現，中國的現狀即是如此，沒有等級、沒有界限、沒有規矩，管理的難度相當之大。

一個公司、一個企業，甚至一個家庭，想做好管理，一定要從等級分明開始，記住這是必須的，等級必須首先明確，必得有界限，不可逾越。如此，老闆才會有老闆的威嚴，有老闆的等級高度，是最高的，在企業裏是至高無上的；總經理就是總經理，部門經理就是部門經理，基層員工就是基層員工，一級一級嚴格劃分、服從管理。

管理，首先要確立等級，第二位才是有序，把序列穩定、固定下來，這是管理之最根本。學習再多管理技巧，如果沒有等級和秩序，所有的管理技巧手段全都是瞎扯，根本不可能實用有效。而中國現在最大的問題，其實就是在於管理上付出的代價太大了，我們很頭疼，中國人的管理成本真的是無底深淵。這是為何？因為一百多年的時間，不斷強調所謂的自由、平等，其實已經打破了最基本的等

級界限，我們已經不序化了，完全是混亂的。君不君、臣不臣、父不父、子不子，家裏沒大沒小，公司、企業員工都目無老闆，都要與老闆平起平坐，只是表面好像自由、平等。

其實員工個個心中不服，「你就是有幾個臭錢，所以現在你是老闆。等有一天我當老闆了，就能證明你的決策全是錯的，老闆不應該做這些，也不應該做那些……」

整個社會全是逾越，沒有等級。沒有等級即沒有誠和敬，沒有誠敬時心中就全是牴觸、反抗，這種狀態的遺留，對民族危害巨大，會造成十分嚴重的後果，非常可怕。

上古聖人之所以為我們制定這些等級規範、序化序列，其中有極深的含義。我們在帝王學的書中，會再詳細講授，哪有一支真正戰鬥力強大的軍隊沒有等級，沒有序化的序列？在此我們首先要理解，何謂序列，又何謂序化？

在很多經典之中，孔子一直不斷的強調孝和悌。真正在世間踐行儒學體系，實現經邦濟世，一定要從孝悌做起。孝，我們前面講了，就是孝敬父母、孝敬長輩、孝敬祖先，

其實孝所講的就是等級。悌，所講的則是兄弟之間的關係，兄弟之心，先來即兄、後來即弟，即是後來之弟應該以何態度對待先來之兄。孝指父子之間的等級，應該守何禮數，悌指兄弟之間應該怎麼做。

　　一個孝、一個悌，就打下了儒學在世間踐行的根基。修習儒學一定得從孝悌開始，並不是知道了文字、知道了經典、知道了語言，或者掌握了《易經》，在現實中就不可一世，做什麼都可以了。不可以這麼理解，語言文字和經典是我們中華文明的基礎，而孝悌是儒學踐行的起修處，如此儒學才真正是中華文明文化落地的完整體系。

　　我們的文明文化中，佛和道也是修行之道，然而佛學、道法講究的都是出世間法，基本上不落紅塵，基本上腳不沾地，很多人多年都不知自己所修為何，使得好多人最後都以修神通為導向。結果，修了多年以後，哪是什麼神通，最後都修成了神經。距離現實中的經邦濟世，修身、齊家、治國、平天下，差之甚遠。

　　在現實中究竟如何建功立業，如何圓滿？其實，修佛、

修道與修儒都是一回事，但是如果沒有高境界的明師指點，就根本不知道起修處是什麼，修佛應該如何開始起修，修道應該如何開始起修，都無法知道。佛和道的經典浩瀚如海，沒有明師指點，即使正在修習的佛經，其實也並不知道是什麼，更不知道為何而修。如此修行幾十年還是懵懵懂懂，不知其然，更不知其所以然，人生的大好時光都成了蹉跎歲月，現實中反而家也沒照顧好，工作也沒做好。世間的法圓滿不了，就天天求出世間法，根本不可能。

儒學的好處在於其修學次第清晰明瞭，只需要按照孔聖人為我們制定好的修行次第，不斷堅持修習，就完全能夠達到佛、道所講的最高的修行境界。其實無所謂境界高低，境界都是一樣的高，都能達到最高境界，條條大路通羅馬，儒學、佛學、道學，修至最後都歸於一個「道」字，但是各自的起修處有所不同。儒學特別講究修學次第，非常清晰的按照次第一步步起修，走一步有一步的驗證，且驗證都在現實中。意即是在世間法上能得到圓滿、得到幸福、得到富貴、得到平安，就能知道如何做人、如何做事、如何傳承。我們平時要想修行，還是要從孔子的修行體系開始入手，而孔子的修行體系就是從孝悌起修。

第三節

外行於禮　內修孝悌
心懷誠敬　平衡有度

孝悌之中，悌的根本體現正如我們常言之「長兄如父」，意思是同輩之間處理關係，也是有序的。而這個序列的制定，自古一定是長兄為大，古人講究嫡長制，即嫡系的長子、長孫在家族中即可相當於父親的角色，而家族的事業傳承，都是嫡長子繼承制。

有同學又有問題了，「嫡長子繼承，那就是說家族的事業只能交給家族中的大兒子嗎？如果大兒子無能、無德呢？」在此所講悌的內涵，即不管嫡長了有能力也好、無能也好，也無論他有德、無德，就得如此確定傳承。

有人不認同，說：「那可不行，那也不對，我的三兒子、四女兒有德、有能力，大兒子根本不行，沒有能力，還無德，我就應該交給我的四女兒或者三兒子。」事實上是不可以的。這樣就不可再稱孝悌了，就打破了孝悌的規

則，關鍵是打破孝悌規則的時候，整個系統、整個家族體系就會開始紊亂，一旦體系亂了，家族整體必然開始崩塌，開始崩潰，而且無可挽回。

有人問：「老師，我不理解，應該是能者得之，有德者居之啊？應該在自己的孩子中選擇有能力的人、有德的人繼承啊？」

其實這種理解是錯的。在此即是告訴大家，聖人制定這些規則必有其深刻道理所在。放眼中華歷史歷朝歷代，為什麼雖然中華民族朝代轉換更迭，但是每個朝代都能延續幾百年，三百年、四百年、八百年，甚至更長久？其實都是因為這些規則制度在權衡左右著。上古之聖人之所以制定這些，包括三綱五常等等，都有其道理，我們一定得把這些道理通透以後，再來討論研究如何維新、怎麼革命。

現在的問題是，大家對古制根本不理解，不知其意，只知推翻，然後就講求一句所謂的口號「王侯將相寧有種乎」，就認為誰做皇帝都行。然而，這句話本身就是真正的大逆不道，背離了大道之理，如果全民推行這句話，人

人都學這句話，都認為這句話說的是對的，那一個民族、國家，根本無法發展。人人都想稱王，個個都想做老闆，任何人都看不起別人，開口即是王侯將相寧有種乎，都認為自己天生就能當王侯，看著現在的老闆都覺著只是有幾個臭錢，自己現在委曲求全，但是目標都是幹掉老闆，然後自己做老闆，現在的中國是不是人人都這樣？一盤散沙，君不君、臣不臣、父不父、子不子，然而殊不知如此產生了多大的內耗。

每個打工者、高階主管，都看不起老闆，每個中層也都看不起高層上司，天天都在想如何擠掉上司，只要有德、有能力，就應該上位，甚至公司都應該是自己的，什麼都是自己的。如果人人皆是如此，都覺得自己有德、自己有能力，就會導致企業、家族、家庭都產生巨大的內耗，都會因無序而導致混亂，沒有底線，沒有最基本的制度規範，即所謂禮崩樂壞，禮就是講這方面。孝和悌是禮的前提，沒有孝悌無從談禮。禮崩樂壞之時，企業一定維持不了幾年，家族根本興盛不了幾年，根本傳承不下去，現在的家族企業是不是全都碰到了這個問題？

父親辛苦創業，要交接傳承之時，如果有幾個孩子，那怎麼交？獨生子反而簡單，只能交給這一個兒子或者一個女兒，兩個以上的孩子，父親基本上就沒有辦法了。於是孩子與孩子之間、兄弟姐妹之間互相競爭，都在父親面前表現自己有德、有能力。然而，知道何謂真正的有德嗎？絕不是自己表現得多麼有德，那樣有多少都是裝的、表演的。而更甚者都會想盡辦法，使自己的兄弟姐妹表現的無德，襯托自己表現出有德，想辦法使他們表現出無能，襯托自己表現出有能力，如此兄弟姐妹之間明爭暗鬥、爾虞我詐、互相傾軋，只是為了得到父親的認可。企業如果都是這樣，想一想還能做好嗎？古人制定的這些孝悌之規則，真的都有其深意，我們一定要學透。一定要在將聖人為什麼制定這些體制真正學透以後，再去分析當下應該怎麼做。

　　有人反駁說：「老師，這些東西都是腐朽的，都是幾千年前的，太落後了，現在我怎麼能把這些用在企業裏呢？現在都應用現代企業管理了，應該應用現代的理念了，現在就講究不舉賢唯親、能者多勞、能者得之、德者居之；現在都要聘請專業的企業管理團隊，專業的人做專業的事；

大家為企業盡心盡力，設置股權激勵，每個人都有企業的股權，都成為企業的主人，自己是企業股東的一分子，與老闆是一樣的，有股份在，企業好、利潤好，自己也多得收益。現在的企業不應該都是這樣嗎？」

在此簡要的告訴各位讀者，後面我講解帝王學的書中，會為大家好好比較，讓大家認識，現在所謂的股權激勵，所謂的企業管理團隊，專業的人做專業的事，等等現代管理體制，與我們中國古人這一套完整的管理體系，對比起來到底哪個更先進，更有利於長治久安。我們傳授帝王學的時候會詳細講解，帝王學即是管理學，屆時詳細比較一下大家即可清晰明瞭。

本書的主題為儒學六藝，然而六藝為何會涉及到這些？因為這些講的就是六藝之首——禮。每當我們行禮之時，其實教授孩子的不僅僅是如何行禮，禮可不僅是教孩子禮儀規範。所謂外行於禮，其實一個禮字的內涵相當深刻，更重要的是教孩子禮的時候，把誠敬、等級、序列、序化的含義為孩子講清楚，其實也就是已經在教孩子入世之道，教他們如何做人，怎麼做事。透過禮，教孩子這些

深邃的理法，而真正這些深刻的內涵是在孩子學字以後，即八歲開始教學。

　　古之師者，傳道、授業、解惑，都是屬於道的一部分，傳的就是道。即是說，八歲的孩子就已經從道開始教學了。但古人用的方式是，教孩子各種禮儀規範的過程中，教授等級序列，教授誠敬的心，教授孩子平衡有度。禮是有等級的，首先行禮就要有等級，對長輩行禮的時候，自己是小輩，就要謙卑，心中得認這是長輩，即是向長輩行小輩之禮時，內心中等級已定。而且，有小輩對長輩之禮，亦有長輩對小輩之禮，小輩先向長輩行禮，長輩亦向小輩還禮，這都是等級。

　　心中無等級，覺著都是所謂的平等、自由，見到長輩、前輩就認為，「你只是歲數比我大一點而已，我也是人，你也是人！你是主人翁，我也是主人翁！」

　　如果一直心存這種想法，沒有等級、沒有長幼尊卑，無論見到老師、父母、爺爺奶奶，都以平等之身行禮。何謂平等行禮？即是見到爸爸，直接「嗨，老張，來了啊？」

沒大沒小，此即謂心中無等級，行禮時心中就沒有誠敬。

心無誠敬行禮要嘛不及，要嘛就過度。與長輩嬉戲，向父親行禮的時候，開玩笑也無所謂，「來了啊，老張！哎喲，領導好，領導來了！」

真正見到領導時，現在很多人都是拍拍領導肩膀，甚至摸摸領導的頭，「來了啊，老李！」都是無禮的。

外行無禮即代表心無誠敬，內心就沒有等級、沒有尊卑、沒有長幼。從禮上就能看出人的內心。因此，從禮上起修，意思就是從內心開始修行，也就是在修孝悌、有序、誠敬，以及平衡有度。這些都非常重要，一個禮字的內涵太深刻了。孝是等級，指長幼之間；悌是序列，指平輩之間。平輩有平輩之禮，長兄在上，作弟弟的見到長兄，不管哥哥是愚人還是智人，無論兄是否有大智慧、是否有權、是否有錢，他是我的長兄，我與長兄見面說話必須行弟之禮，同時弟之心待長兄如父。如果是在公司企業、政府單位，即使對方再年輕，哪怕進入公司僅比我早一天，他都是我的前輩，這就是悌，悌就是序列。

序列非常重要，如果我們沒有序列，新員工進入一家公司後，任何人都不服，認為早進公司一年的人，就是對公司熟悉一點、人脈多一點，其實什麼都不懂，都不如自己，如此後進之人便對先進公司的前輩不知尊重。更有甚之，有的公司老闆還自己故意安排，後進公司的人只招攬很有能力的人空降，讓先進公司的人時刻保持謹慎，後來的新鮮血液進入公司就是為了替代前輩的，很多老闆如此激起員工內部的爭鬥，職位的高低也都是根據業績，認為業績代表能力。如果是前面這些狀況，這個公司一定長久不了。

現在多數創立和經營公司的企業主只看業績，所謂一切都用業績說話，這樣做公司長久不了，也無法長久，因為整個管理體系都是無序的，後進公司的人更受老闆重視，也不知尊重前輩，甚至不斷打擊前人，如此即是謂沒有序列。任何一個組織，尤其是完整的公司體系，一旦沒有序列了，整個組織就陷入一片混亂。沒有等級，沒有序列，就沒有一套完整的規則、規範，管理根本無從談起，必然是一片混亂，人與人之間都是明爭暗鬥、爾虞我詐。

前面所講的內容，很多同學可能有些接受不了，「老師怎麼能講那些陳芝麻爛穀子的封建思想，還講什麼三綱五常，君君、臣臣、父父、子子，君為臣之綱，父為子之綱，現代社會怎麼可以說夫為妻之綱呢！」

大家要真正知道三綱的含義，真正理解祖先為什麼制定三綱五常，這些即是社會規範、社會體制，其中道理非常深遠。如果一個家族、家庭不符合這些等級及序列，就一定是混亂的。如此想培養一個好孩子，不僅沒有理由，而且沒有前提基礎。事實證明，不要以為學習好的孩子長大就肯定有出息，事實往往恰恰相反。所謂現代教育學習的那點知識，只是孩子成長過程中應學的冰山一角。

孩子在家庭中所學的才是真正要學的，真正受過家教規範的孩子，即真正有家教的孩子，步入社會之後不管他是否有文憑，很容易建功立業，也很容易有出息、有發展。而沒有家教的孩子，不懂最基本的家教規矩、禮節的孩子，無論獲得了多高的文憑，畢業於多好的重點學校，都沒有用，只有智商沒有情商，步入社會絕對不會順利。

智商不如情商，情商不如規矩，一定要清楚記住這句話。一個真正懂規矩的人，哪怕智商、情商都低一點，也會有大把的好機會。其實，很多人都是自作聰明，覺得自己很聰明，卻沒有情商，於是一生碌碌無為；還有很多人，有情商、有智商，卻不懂規矩，任何規矩都不知道、不遵守，同樣一生碌碌無為，最終都是一事無成。

因此，規矩是第一位的，然後才是情商，最後才是智商。何時開始立規矩？三歲開始，父母就要給孩子立規矩。然而，首先做父母的得懂這些規矩，如何才能真正懂得？須得從聖人的教化之道中體悟。現在已經沒有其他辦法了，整個社會已經把聖人為我們制定的所有體制規矩打碎了、徹底打破了，同時已經把聖人的做人之道、做事之道、教化規矩，即立德、立功、立言之大道，徹底丟進了歷史的垃圾堆，徹底打碎。所以，在社會上我們已經學不到這些了，只能自己鑽研學習聖人經典，從中重新獲得古之聖人為我們制定的這一整套體系，然後再回歸社會撥亂反正。

現在所謂社會主流的專家、教育家，講授內容已經離道越來越遠，研究的基本都不是道的方向，完全找不到根

本，所有的都是碎片，無法從整體性上給予指導。而所謂整體性即謂之道，僅僅研究術就是碎片。雖然聽其言詞觀點都有些道理，但那是從片面的角度講說的，而任何一個角度當然都會有合乎道理的一面，也都會有認同的人群。然而，如果從整體性的高度再來看其觀點，就發現其實是大錯而特錯。任何事物都是先有整體，後有碎片，一切都離不開整體，而現在能掌握道的人基本沒有了。那樣的人不是專家，專家不一定掌握道，而是指掌握術的人。

　　掌握道的人即謂大師，也就是古人所說的師者，傳道、授業、解惑，首先即是道，道即是整體性。師者之教化都是從整體性出發，從方方面面講解一個事情，然後再論所謂的對錯，再選擇應該如何走。

　　正如我們現在的教養學、教化之道，首先講六藝之禮，內涵即非常之深奧，其中最重要的三方面，第一孝悌，第二誠敬，第三平衡之道。一個禮字，就總結出了社會的規矩、規範，心中的誠敬，平衡有度，這三大方面。所謂外行於禮，即是透過外在的禮儀、禮節，可以讓我們知道孝悌、誠敬、平衡，至少三方面的內涵。

一個禮字究竟能講出多少內容？大漢的孩子所學的，甚至孔子親自教授弟子，即是從禮開始。不要覺著他們天天就是在行禮，天天只是學習各種規矩，那僅僅是形，還要透過形深入內心，形成其內涵。首先是孝悌，即等級、序列的重要性，這是所有管理的根本。家庭要想和睦、幸福、序化、富足，又能夠傳承，必須從孝悌開始教養；家族要想興旺發達、繁衍生息、穩定傳承，一代更比一代強，也得從孝悌開始管理；企業，甚至國家也是同樣，要想國家繁榮昌盛、長治久安，眾生百姓安居樂業、興盛富強，也是從孝悌開始治理。

　　每一個人都可以親自嘗試，尤其很多讀者同學都是企業主，或者是政府官員，研讀至此，無論是在家庭、家族之中，還是在企業或者管轄的區域內，從孝悌開始推行文化，家有家文化、企業有企業文化、國家有國家文化，從孝悌開始設等級、定規矩，從禮開始正其外形、感悟其內涵。實行一段時間以後，再觀察大家的變化，大家做事的態度，以及做事的成果，這即是管理之道，就是孔聖人教給我們的管理智慧。這套理論和觀點，漢朝精英八歲就已

經開始學了，此即謂之傳道。

　　進一步講解，為何要行禮，而且行禮要規範？我們可以理解行禮是孝悌、誠敬的表現，為什麼同時又是平衡的表現？就因為行禮必須講究度，這非常的重要，行禮不可不及，亦不可過度，正所謂過猶不及，即過和不及其實是一回事，必須掌握度，而這個度就是我們所有的儒、釋、道，以及中華文明最重要的核心。無論學習佛學、道法、儒學，都講究度，做人要有度，做事要有度，做什麼都要有度，既不可以過度，又不可以不及，這就是禮的精髓所在。

第四節

善惡平衡行禮知其內涵
風氣轉變有禮從我做起

　　行禮有度，就引申出中華的陰陽之道。所謂一陰一陽之謂道，而何謂度？儒學的最高境界即謂中庸之道，中的意思即為守中之道，庸之意即為平平淡淡、平淡無奇。其實都是講究一個度，守中之道即是度，既不要過也不要不及，事皆有度。儒學即稱為守中之道，佛法即謂中觀之道，道法即謂無為之道。道法最講究陰陽平衡，陰陽平衡才是真正的無為。無為的狀態並不是什麼都不做、消極不作為，美其名曰全憑自然，但是自然同樣不是什麼都不做，自然是既蓬勃向上有無限生機，同時又有向下的銷毀之力。

　　《道德經》有云：「人法地，地法天，天法道，道法自然。」然而，很多人說到道法自然，就認為是什麼都不做了，註定應該什麼樣就是什麼樣，完全不作為，那可不是自然，更不是無為。無為者，是無不為也，真正有大作

為的人，能夠表現出無為的狀態，但絕不是消極，不是任何事情都不爭取、不積極。真正的道法之中，無為是最高的平衡概念；真正的佛法，修到佛的境界也是達到平衡，最平衡的人即是所謂涅槃的狀態；儒學修學到最高境界，是中庸的狀態，中亦即是平衡，中庸就是最高境界的平衡狀態。

由此可見，儒、釋、道都是一回事，萬事萬物都一樣，任何事物要想長治久安，一定是處於相對平衡的狀態，才能實現住與常住，才能不敗不空。敗和空都緣自不平衡，即是打破了平衡狀態走向極端時，萬事萬物就開始走向敗空了。所以我們做任何事情，無論管理個人、家庭、家族、企業，若要長治久安，就得隨時保持平衡，此即謂度。

禪宗的最高境界即為「不思善，不思惡」。太善或者太惡，很顯然都是極端，所以既不能太惡也不能太善，中間的平衡點即是度。要練習如何把握度，如何守住此道、遵行此道，即是修守中之道，儒、釋、道全都是這樣練。

有人有不同意見，「老師，修佛之人就應該善，而且

應該是大善、極致的善。」

其實不然！修成那樣，就成佛了。但是，天天滿口仁義道德，天天都在言善、行善，就能成佛嗎？絕對不是善到至極就能成佛，佛是要達到涅槃的狀態，即心中無善惡，既沒有善也沒有惡。只要有善的概念，就會去追求善，同時就會排斥所謂的惡，如此就偏向於一面了。開始偏向一面時即是走偏了，而極度走偏就是偏執，繼續偏執到極致就是偏執狂，偏執狂即是魔。魔並不是大惡人，此處一定要清楚，不是惡到極致而成魔，而是偏執到極致才是魔。意即是，太惡了是魔，同時太善了也是魔，都是一個概念。

有人疑問：「為什麼善也是魔？」因為所謂的善，是你認為的善，而你認為的善並不究竟。

接著問道：「老師，那什麼是究竟的善呢？」究竟的善，就是沒有什麼是善，也沒有什麼是惡，達到究竟的境界時一定已經沒有善惡了。

繼續追問：「老師，那就沒有標準了嗎？」當然有標準。這個標準需要修行得遇明師指點。而明師和邪師的區別就

在於，邪師天天告訴人們何為善，而且天天勸人向著他所講的善去做；但真正的明師則會告訴人們，放下心中所謂的善和惡。

有人還有疑問，「老師，我放下了善惡，然後應該怎麼做？做什麼？」這就是明師會指導、指點之處。在此請大家記住，我們不一定能夠遇到明師，但是即使遇不到明師，如果碰上了邪師，一定要有能力辨別。邪師就是天天告訴人們他自己認為的善的標準，而且只能按照他的標準做才是善，不按照他認為的善做就是惡，如此就是典型的邪師。

有人這樣教別人，「吃素即是善，天天吃齋念佛就是善，吃一口肉都是惡。」這樣說的人絕對是邪師。可能有很多同學因為受佛教的影響比較深，根本不認可我們的判斷，認為應該吃素，天天大魚大肉就是殺生，就是惡。其實真正的佛法不在於吃素還是吃肉，而在於如何看待問題，在於是否偏執的看待任何問題，即是否執著？偏執於吃素就是善，吃齋念佛就是善；執著於禁欲，男女授受不親，毫無邪念，不可對異性產生任何感覺，偏執、執著於此，

很快就會成魔。

魔並不是天天喊打喊殺，天天邪淫、妄語、殺生、偷盜、飲酒者，絕大多數的魔都是口吐善言者。真正的魔很難認清，而且真正的魔必是道貌岸然、口吐善言。然而，正是這種偏執者即為魔。所謂偏執者，就好像行禮時會過度，見到任何人都行大禮，本身是長輩，看見小孩子也是一鞠到地，小孩子都被嚇一跳。偏執者看起來好像特別有禮，其實卻是極為無禮。長輩有長輩之禮，小輩有小輩之禮，何謂真正的禮？即是真正掌握好度的禮。什麼都要有度，才真正合乎禮之規範。怎麼做才能實現合乎禮的規範？心中必得有平衡，心中有度。

我們不管修佛、修法、修道、修兵法、修玄學，都是在修陰陽平衡，所謂一陰一陽之謂道，都是修平衡之道。佛法的起修處一定是從善惡開始，首先要好好想想何為善，何為惡。如果在世為人，根本不知道何為善惡，不知道善惡的標準，卻每天還在做著所謂止惡揚善的事，總是自己覺著做的全是善事，總想做好人、善人，自己以為正在修習佛法，其實不然。事實是如果何謂善都不知，又談何行

善、做善事，想做個善人就更無從談起了！不要自以為幫助別人就是善，成人之美就是善，利人利己就是善，與人分享就是善，其實那些都不能稱之為善。

而更重要的是，修學佛法不是從打坐開始，不是從念佛開始，不是從吃素開始，更不是從禁欲開始。佛不是那樣修的，而是從認清善惡開始，要先識善惡。善惡不明，無從起修。《六祖壇經》開篇第一品就告訴我們不思善不思惡，這就是佛法的起修處。何謂不思善不思惡？修佛為什麼要不思善？大家是否參詳過這個問題，不思惡肯定沒有問題，多數修佛的問題在於一定要向善，就應該向善不思惡。

其實，六祖惠能在《六祖壇經》中一再明確，他講經說法三十七年，歸根結底就講了六個字：不思善不思惡。首先能否明確說出何為善？知道何為善就能知道何為惡，如果善都不知，那天天止惡揚善，止的是什麼？揚的又是什麼？做人做事的標準，沒有善惡即不明是非，不明是非就沒有判斷力。然而，關鍵是每個人肯定都具有判斷力，那麼做出的判斷是對的嗎？是清晰明白的嗎？是符合人生

真諦的嗎？是符合宇宙真理的嗎？其實根本不符合。於是每天努力做善事，努力行善的人，反而成了眾人眼中的惡人；於是再想做事時，反而處處都是障礙。而所謂的現實道理是，人人都在止惡揚善，人人都在做好人，然而自古能有幾人被世人公認為大善人、公認為是好人的？根本沒有幾人能得到這種評價。

聖人從六藝之禮開始修習，首先教授孩子知禮，知道何謂禮節，同時教授行禮時，就把其中的內涵道理一併傳授予孩子。這就是聖人的教化之道，是否深刻、深奧、深入人心，應該顯而易見了。一個禮字用了這麼大的篇幅，也只是將將開頭而已，禮之深奧，既有等級，又有序列，還有平衡之道，更有誠敬之心。在此僅是拋磚引玉，學禮、學習各種禮節，所有這些大道之理，為師者要不斷內化到孩子的內心中，這就是六藝當中第一個禮字。

其實，僅是知道「守中之道」四個字，知道了陰陽平衡之道，就已經涵蓋了儒釋道最高境界的精髓。儒釋道修的都是守中之道，其實講究的就是一個度，亦即是陰陽平衡之道，都是同一個理，都在第一藝的禮上，深刻的表現

出來了。雖然我們原來都了解外行於禮，但禮還體現了這麼多的內涵，而且只有不斷領悟、達到這些內涵之時，才能自然形成禮，才真正得心應手，特別舒服的行禮、執禮，感覺其人既彬彬有禮，又不虛情假意，其中內涵之理、實踐之用還有很多。

其中僅是善惡之理，最基本的概念，若想真正講明白，即需相當大的篇幅，對此感興趣的讀者同學，可以看解讀《六祖壇經》系列書籍，其中講得比較透徹，對善惡解釋比較清楚。不管如何起修，都得首先知善惡，而後才能明是非，其實就是能分清對錯。善惡不知，即是非不明，也一定對錯不分，那樣就是一個糊塗人，行屍走肉，做事就肯定不清醒，學習也就沒有方向。佛、道、儒都是從此起修的，起修處清楚明瞭，走的路就不會錯。

修佛修道修儒，不能從打坐開始，不能從吃齋開始，不能從禁欲開始，不能修得現實生活中與家人、朋友都敵對，工作也做不好。天天意守丹田、大小周天，起步即錯，越修越亂，想修神通卻修成了神經，甚至修得人不人鬼不鬼。天天禁欲，男女授受不親，不可邪淫，甚至不能動邪

念，那家庭能幸福嗎？如何繁衍生息？正常人都做不成，還談何修行？不是說那樣修行不對，而是說那不是起修處，不是根，僅僅是助行，助行也只是針對某一部分人的。

真正的起修處一定是從善惡開始，認清善惡，做事有度，就不會執著，不再執著也就不會偏執，看問題就能從陰陽兩面著眼，遇到任何問題都能客觀面對，這才是真正的辯證唯物法。客觀看待問題時，就不那麼煩惱了，發現任何問題都有兩面性的時候，就能從邏輯思維的一條線或者一個面中超脫出來，就能夠看到立體。即是從看一面，到開始看到兩面，再看又多了幾面，如此就看到了立體，逐漸達到全息，這就是修行。

現在為什麼還在痛苦中？就是因為看問題只看一點，或只看一面。即所謂好就是好，得到好的就歡欣雀躍；壞就是壞，那一定就是痛苦的深淵，就是下了地獄。要嘛只有天堂，要嘛只有地獄，我們痛苦的根源就在這兒，當看任何問題只從一面著眼的時候，每一天每一刻要嘛心花怒放飛上了天堂，要嘛悲慘痛苦沉下了地獄，如此就是一個凡人、一個普通人。

真正的智者，看任何問題都是兩面著眼，看到的都是立體、多角度的。出現多麼高興的事，他也能看到安中有危、福中有禍；再大禍事來了，他也能看到禍中之福，正所謂「禍兮福所倚，福兮禍所伏」。智者和愚人區別所在，不是智者比愚人聰明多少、有更大的能力，其實智和愚的區別就在於，看問題是一面還是兩面。因此，我們平時就得練習兩面性的思維，要堅持不懈的練，我們就能掌握平衡的妙處，就能知道其實善非全善、惡非都惡，善中有惡、惡中有善。逐漸的越練就越會發現，善中惡、惡中善，基本都是一半一半，沒有絕對的善，也沒有絕對的惡，這才是修行的起修處。

　　現實中實踐的起修處，儒學即是從禮開始修習，在練習外行於禮的時候，這套內涵的道理會同時教授，內涵領悟得越深，外行之禮做得越自然、越到位。其實，形和心是相應的，心沒有領悟到深層的禮之內涵，外行做出來的禮就會表現生疏，或者表現不到位，謂之不及，或者表現過度。此處大家一定要好好理解，這就是六藝中的禮，我們講了很多，就是因為禮為六藝之首，是最重要的。

從更高、更廣大處著眼，整個社會的風氣、人心的轉變，要從哪裏開始起修？亦是從禮開始。具體應該怎麼做？在自己的家裏，從自身開始變成有禮之人，見到父母長輩行相應之禮，向領導行相應之禮，對孩子行該行之禮，對同輩親友同事又應該行不同的禮，從現在開始，從自己做起，做一個有禮之人、知禮之人，放下所謂的大大咧咧、沒有規矩。有的人就要故意表現的自己就是大大咧咧的，美其名曰就是直。

　　其實不可以表現出這種狀態，「我就是天不怕、地不怕，什麼都不在乎。多大的官員到我面前，我根本不在乎，你是高官，我就是我！」於是對待領導沒大沒小，對父母更是沒大沒小。一定要從現在就馬上改，不再這樣沒大沒小，把自己變成一個守禮之人、知書達禮之人。往往開始做時都會感覺彆扭，跟父母無禮的說話都習慣了，突然間開始不能再這樣了，見父母長輩必須有敬長輩之禮了。

　　感覺很不適應，問道：「老師，到底應該怎麼做？」

　　首先從稱呼做起。現在整個社會都沒有規範，連稱呼

都沒有統一規範，已經不知道應該如何稱呼對方了，見到領導不知道該如何稱呼，有的叫老大、有的稱老闆，對父母也不知道該怎麼稱呼，對同事更不知道了，整個社會全都亂套了，幾十年前還可以稱呼同志，現在同志不能叫，小姐也不能稱，整個中國竟然無法相互稱呼，可見中國人無禮到了何種程度，混亂到了何種程度。最基本的都徹底丟棄了，大家行什麼禮就更無從談起，朋友見面應該握手還是擁抱，都不知所措、手忙腳亂。這就是所謂的禮崩樂壞，還談何管理？談何凝聚？中國人如今一盤散沙，根源在哪裏？如何能把中國人重新凝聚起來？關鍵在於復禮。

現在的日本人，我們並不是一味的講日本好，且不論日本之好本就學自我們的大唐，僅針對現代管理而言，日本人就是有可取之處。日本的管理水準，在全世界都數一數二，而世界公認管理水平最高的日本和德國，有沒有相通之處？先不論其他，僅在禮上，這兩個國家和民族有沒有共通之處？等級、序列、規範，都是一樣的嚴謹，日本和德國的等級制度都是最規範嚴格的。

中國為何沒有了嚴謹的等級規範？日本的孝悌文化，

我們前文講了很多，這是管理上最基礎的根本所在。然而，現在我們向西方學習現代管理，向日本人學習先進管理，有沒有人學孝悌文化？我們到底在學什麼？日本人的管理我們不止一次的講述過，現在全世界都在向日本人學管理，美國向日本學，歐洲向日本學，但是日本的管理從何而來？都是向我們中華大唐學的，因此日本處處皆有大唐遺風。由此可見，我們中國人以前比日本做得還要到位，日本只是我們的學生。

有同學說：「老師，現在講孝和悌，那是孔子的封建遺毒！腐朽的孝悌、等級，早就被打破了！現在都是官兵一致、上下平等，沒有高低尊卑啦！」近年來，國人被灌輸的都是這些認知，但國人是否知道自己被灌輸的是毒瘤毒素嗎？何謂平等？有徹底的平等嗎？現在每個人都強調平等，真的應該平等嗎？剛剛說到了日本的管理，首先即可觀察到日本企業的等級制度，上下級之間是何狀態，這也屬於孝文化。日本人把我們的孝文化，在等級制度之上無限延伸了，因此日本現在的孝與孔聖人所說的孝不一樣，日本走向了極端，但是其等級制度，在家庭、家族和整個

社會的管理上，起到了至關重要的作用。

　　中國的企業中還有沒有等級？如果你是一位企業主，即可知道自己是在建設等級制度，還是在強調官兵一致？是否也覺得每一個員工都應該變成老闆，都應該跟你一樣？有這種想法的企業老闆基本都破產倒閉了。不要以為給員工一點股份激勵，員工就能把自己當成主人翁，就能和老闆一條心，為企業努力拚命，那是錯覺，根本不是那麼回事。在中國，要管理中國人，必須得按照中國人的人心和人性管理，聖人這套禮規體系，都是根據中國人骨子裏的人心和人性制定的，因此不要改變聖人的傳承，現在也根本不必想去改變聖人傳給我們的智慧，而是要先理解聖人為什麼針對中國人制定這些體系，只需先理解、明白、知道。

　　中國的現狀是，絕大多數中國人都不知道聖人曾經為我們制定了什麼，才使得中華民族屹立於世界之巔幾千年。現在，聖人那套體系的傳承全都打亂了，甚至已經全部埋沒了，扔進了歷史的垃圾堆。還有幾個中國人知道，孝悌是儒學體系的根本呢？《論語》開篇就強調：「君子務本，

本立而道生。孝悌，其為仁之本與。」開篇即是孝悌，但大家都看不明白，所以都不知道儒學應該從何處起修。其實現階段，學佛亦不知從何起修，學道也不知道從何起修，非常悲哀。老師雖多，但遍地邪師，把諸多嚮往修行的人領上了邪路，天天道貌岸然，天天口吐善言，卻把人帶向魔道。

所謂孝悌之孝，前面講了是指父子長幼、上下等級。中華古之家庭和家族，父親在家庭中的威信、威望極高，長輩在家族裏的威望、震懾力巨大。父親長輩有威信、能震懾，是可以教化子孫的，如此子孫都會敬畏，不敢犯錯，甚至在外面也不敢犯錯，在外犯錯回到家庭、家族之中也得受罰，而且被家人、族人瞧不起、唾棄，甚至被懲罰。其實並不僅僅依靠國家法律的制裁，法律的漏洞太多了，法律制裁僅是一部分，要維護整個社會的穩定，法律是最後一步、最底層的界限，而真正主要的是人倫道德、良知良心的制裁。家庭和家族都是有血緣關係的親人，一個人的口碑和良知，才應當是在社會上起決定作用的，才真正是維護社會穩定及良性發展的中流砥柱，首先要以此管理，

法律永遠都是道德良知的後備。

　　現在，中國把家庭、家族、血親、宗祠等等維護社會穩定和道德良知的最重要的體系，徹底打翻了，只剩下最後的法律。法律有多少空隙可以鑽營，只要不被抓到，任何壞事都可以幹，甚至傷天害理之事也都能幹，為了賺錢、為了當官，可以不擇手段，衣錦還鄉有錢有官，在家族裏就是老大，長輩算什麼，官大錢多就是老大，這就是中國的現狀，已經沒有道德良心了。

　　沒有孝導致中國變成現在的模樣，要恢復中國的社會穩定，以及道德良知的發現與發展，一定要先恢復古制古禮、孝道等級。等級不僅是指君臣上下的等級，更要從家庭中開始恢復，父親要有威嚴，兒子在父親面前就是兒子，父親就要有父親的樣子，以身作則。如果父親沒有父親的樣子，天天回家就打遊戲、看抖音，在外不努力工作，回家也不盡父親的職責，如此帶給孩子的都是錯誤榜樣。因為現在的父親根本不知道自己應該作何榜樣，是謂父不父；孩子也不知如何孝敬父親，不知如何承襲父親，是謂子不子。父親不作榜樣、表率，沒有威嚴、威信，孩子無所事事、

我行我素，長大之後稱其為叛逆、青春期，何來青春期？古代為何沒有青春期？古人十幾歲的孩子對待父親，哪敢不聽話，哪敢連喊帶叫的對著幹？現代人之所以有青春期，正是因為父不父、子不子。

離家在外，則是君不君、臣不臣。進入社會，在工作單位中也是沒大沒小，領導沒有領導的樣子，領導不作表率、不敢擔當、不負責任，是謂君不君；下屬沒有下屬的樣子，天天想著如何取代領導，是謂臣不臣。如此整個社會始終處於巨大的動盪之中，無論何人為君、當領袖，下面都在想如何推翻他；任何人做老闆，員工都想著聯合起來將其幹掉，員工持股實現控股，都能當老闆。現在的中國社會就是這樣，君不君、臣不臣、父不父、子不子，談何管理？所有的管理，一定是先從等級建設開始，自等級制度中來。

中國社會要想穩定、長治久安，不能僅僅依靠政府的力量，也不是以家庭為單位實行管理，政府直接對應所有的社區、家庭是不現實、不可行的。現在的中國政府，從國家到各省、直轄市，再到下面各地市，然後是區縣，再

然後是社區，最後直接到家庭，這就是我們現在的完整社會管理體制，耗費了巨大的人力、物力、財力，實行這套體制管理社會，需要多少官員，而這麼多官員能深入到社區、深入到每個家庭進行管理嗎？根本深入不進去。

中華古人如何管理社會？古人用的不是現在這一套，而是從中央到各州，州以下管理的就是各大家族，亦稱為宗族、氏族。氏族即是以姓氏聚集的宗族，血脈相連，這一族人同姓，有一位長輩稱為宗族長，亦稱族長，掌管這一族的各個分支。血脈可了不得，宗親、家族直接深入到每個家庭中、每個人身上。而且，每年一個宗族都得有幾次大的聚會，彼此相互聯絡感情，遇到困難相互幫助，任何解決不了的困難可以找族長尋求全族的幫助。族裏還有幾位德高望重的長輩老人稱為長老，族中發生任何大事，幾位長老聚起來一商量，該幫助的就幫助，該處理的就處理，該處罰的就處罰。在外面做錯事，家族共罰之；在外為官貪污受賄，在外男女關係傷風敗俗，一旦不好的名聲傳到族裏，所有的族人都會唾棄、排斥之。那就意味著，這個人離開了這個宗族，而且大家都排斥、唾棄他，以後

必將得不到整個宗族族人的認同，所有族人也不會幫助他，在整個宗族中永遠抬不起頭來，在外當再大的官都沒有用。

如此一個州的下面，只有那幾大家族、幾大宗族，以姓氏、宗親聚集的宗族為社會的基本結構單位，直接就管到底了。如此當官就很容易，比如我出任重慶直轄市的市長，但重慶沿用不是現在這套社會體制結構，而是古代的宗族制，我到了重慶首先要知道大概有多少家姓氏。中華百家姓，一般大姓也就一百家，意即是整個重慶地區有大約一百位宗族長，於是我就把這些宗族長召集起來，只需把他們管理好，宗族長回去之後，又能管理好他的宗族，非常的省心。

其實，政府根本不需要那麼多官員。絕大部分社會治安問題、社會道德問題等，在宗族內部就解決了，省多少人，省多少力！只需要把宗族長抓住、管好就行了，而宗族長之所以能成為宗族長，必是這個族裏最德高望重之人，首先必定是一個具備最基本的規範之人，同時也必是有德之人，必是捨得付出、大格局之人，因此全族才會選他作宗族長，也無需進行現代的選舉，族裏自然就會把最德高

望重的人立為族長。同時，還有族中的長老，如果族長犯錯，長老們也饒不了族長，所以肯定不敢，他也得為他的子孫後代留個好名聲。這些都是咱們中華古人制定出來的宗族制、家長制等體制，都是有其深刻道理的。咱們中華的古聖人非常智慧，太偉大了。

然而，現在社會打破了所有宗族制，完全使用現代的社會體制規範。如今再看政府管理一座城市，需要多少個管理機構部門，向下還要細分各個區的管理、各個社區、街道的管理，層層管理需要分派多少人員，關鍵是能起什麼作用？巨額的工資消耗，卻不知能做什麼事，更不用說做了多少有效工作了。因此，現在的體制，與古人那一套社會機制比較，差距甚遠。

為何古人重德？怎能不重德？整個家族的人眼睛都是雪亮的，從小看著每個孩子長大，自小是好是壞，大家都清楚的知道，誰會做壞事也都心中有數，如此誰還敢做壞事！

家族制、宗親制、族長制等中華古代社會管理機制，

如果不被打破，則如今中國的社會結構、社會體制將是最先進的，統治占用的人力、物力、財力等資源也是最少的。而這都是所謂發達社會的西方人夢寐以求要學習的。結果我們現在卻只知向西方學習，把我們老祖宗這些真正的好東西，不分青紅皂白的全都打破了。民國時期還有宗族制、族長制，現代新中國已經完全沒有了。

再者，可以解決一個非常重要的社會問題。如果有宗族制、族長制的存在，哪還會存在失業問題？中國古代就沒有失業問題，僅此一項，政府得減輕多少負擔。比如，一個家族中的某個人出去打工，如果他個人失業了，他的家庭生活無法維持了，這個人和家庭不會被推向社會、推給政府，而是由他的家族、宗族中的族人一起相互幫襯一下，他就活過來了。現在社會一個農民工失業了，沒有工作回到家裏，全都推向社會，等著政府救濟。政府能解決得了那麼多人的問題嗎？那樣的救濟機制難道不是很蠢嗎？那麼好的家族制、宗親制打破了，天天總是想著革命，不知道到底革誰的命？聖人制定的這套古制，真的不可輕易改變，幾千年運行下來，都是真正的精髓所在，任何改

變都要使我們自己付出巨大的代價。

其實，這些都是在講六藝之禮。一個禮字延伸出多少實踐真理，如果我要更加深刻的講解，一個禮字可不只需要一本書，現在只是拋磚引玉，讓我們先清醒一些，不要簡單的評價西方都好，東方老祖宗留傳給我們的就都不好。好好理解透徹咱們中華的智慧傳承、教化體系，事實上就會發現，咱們的老祖宗擁有著多麼崇高和超前的智慧。

第三章

聖人教化之道克己復禮

儒學平衡力量千年壓抑

第一節

綱舉目張三聖時代體制民主
龍頭出現中華崛起巨龍騰飛

　　孔聖人的教化之道、漢制教育體系，承繼的是周禮文化，所以孔聖人一生遵循克己復禮，復的即是周之禮。前文講述了孔聖人的教化之道，是以六經六藝為基礎和框架教化眾生。上一章著重於講解，漢武帝後兩千年以來的精英教育，即中華的漢制精英教育所沿襲的體制，也就是我們上古聖人制定的古制，以及這套體制的演變、發展和現在所形成的模樣。

　　中華古之聖人所制定的這套體制，其實是中華文明文化的精髓，是中華祖先高深而又超前的智慧，我們後世子孫理當用心的學習和透徹的理解。甚至一直以來都倍受唾棄的三綱，即君為臣綱，父為子綱，夫為妻綱。很多人尤其完全接受不了夫為妻綱，必須強調男女絕對的平等，夫為妻綱就是男女不平等，就是欺壓婦女，婦女也是半邊天！

還有君為臣綱和父為子綱，君要臣死臣不得不死，父讓子亡子不得不亡，這不就是封建專制的糟粕嘛！不要只是盯著不好的那一面，是否試想過，古人當時為什麼要制定這種君君臣臣、父父子子，以及夫妻關係的規範原則？只是一味的追求平等，一味的說古人不平等，又是否試問過自己知道何謂真正的平等嗎？如果剛才所講的善惡都還沒理解清楚，如何知道何謂平等？其實自己一問便知，根本不理解真正的平等。

而三綱的根本現在更是無從所知。為什麼古之聖人制定三綱為道德規範，而且這並不是孔聖人制定的，而是夏、商、周傳下來的，孔聖人只是述而不作、信而好古，又把上古所傳重新解讀，給予當時社會作規範。在此我們要記住一點，管理一個社會，一定不能讓社會的組成分子太分散，一定得抓住所謂的綱常。一張漁網要想一手拎起來，絕對不能亂抓，得抓住漁網的總繩即網綱，綱舉目張，如此一下就能抓住，用一手之力就能把一張大漁網拎起來。

管理也正是如此。為什麼稱之為三綱？就是指管理社會之網的總綱，即為君之綱、父之綱、夫之綱。真正的意

思就是，君要管理整個社會，不能男女老幼、婦弱病殘全都同樣去管，那樣管理成本太高了，肯定不行。真正簡單有效管理，即是在家裏讓男人把女人管住，由男人負責管理女人，這就管住了人口的一半。

有人不理解，「老師，憑什麼讓男人管女人？女人為什麼要讓男人管？」

何謂管理？管理絕不僅僅是控制，而是負責任。既得管吃管喝，又得管生活舒適，還得管美滿的日子。所謂男人要把家撐起來，讓女人聽我的，絕不僅僅是「聽我的」，所謂「聽我的」的前提是得給予女人美好的生活，得負責任。也就是首先要求男人得像男人的樣子，在家中頂天立地，在社會上也要頂天立地，真正負擔起男人的責任。而後才說女人應該如何？相夫教子，把家穩定住。

有人還是不認同，「老師，女人也是半邊天！女人一樣可以出去工作，為什麼就讓女人管家，女人就不能管家，也要進入社會！」真的這樣安排，女人累不累？現在就已經都亂了，所以女人都是亞健康狀態，本來出去射獵都是

男人的事，自古以來男女就是如此分工，甚至多數動物都是這樣分工，男主外女主內。遠古的古人，人類像猿猴一樣的時候，就是男人負責到外面打獵，女人在家中孕育孩子、分配財物、摘果子、把飯做好，等老公從外面回來。出去跋山涉水的打獵，往家中背回獵物，這是男人的事。從古至今一直都是男人到外面工作、打天下，把獵物帶回來交給女人分配。女人何樂而不為呢？

結果現在全從家裏衝出去了，女人也衝出去打獵，男人反而打不著獵物了，男人女人全都衝向社會，競爭壓力越來越巨大，女人把男人的位置占據了，男人想打獵也打不著，想發揮又發揮不出來，最後變成了「娘男」，而女人則變成了「女漢子」。這是何等畸形的社會啊，乾坤顛倒、雌雄不分。女人從各方面的自然狀態，即所謂天造地設的，就是在家相夫教子，做一些力所應及的工作，自己不要有那麼大的壓力，把壓力傳遞給了男人，同時也把機會留給了男人，但現在男人全都變成娘男，女人全都變成了女漢子，真的感覺高興嗎？

古人為何不像現在這樣安排男女分工？為什麼女人就

分配在家裏相夫教子，男人分工在外面打拼？這就是社會道德規範之網的一綱，夫為妻綱。

有人仍然不認同，「老師，這樣是不對的，這不符合現代社會的情況。」

那麼請看現代社會中的日本是不是這樣，日本女人自幼該上學就上學，該進行高學歷教育就獲得高學歷，該高素質還是高素質，但是一旦結婚了女人立即回歸家庭。而男人娶妻以後，因為老婆在家孕育培養孩子，男人的責任感陡增，得為這個家負責，應該拼命工作，為家人而奮鬥，別人最優秀的背一隻大象回家，我至少得背一頭鹿回家；女人則在背後為男人加油，同時整個社會一半的工作機會也讓了出來，男人也就都有機會了。

男人應該去奮鬥，就應該累他，女人回家相夫教子，天天為老公加油打氣。

有人還是固執的認為：「老師，那女人的社會地位不是很低嗎？」要理解清楚，這哪是地位低？獵物背回來都由女人分配，女人掌管著財物。所以這是一整套的規範體

系，夫為妻綱也涉及家庭、家族、宗親，一點也不簡單。

父為子綱，則是指父親得有父親的樣子，得把兒子管住，養不教父之過，而在管教兒子的同時，是不是自己也得以身作則？不讓兒子打遊戲，而自己天天回家就在打遊戲，可能嗎？父為子綱，那是表率，父親督促兒子學習，他自己是不是也得學習他的專業知識啊？男人如果真正成為綱，既得做好妻子的表率，為妻子負責，又得做好兒子的表率，為兒子的成長負責，如此就是一個頂天立地的男人，而且所有的道德、良知、禮儀規範都得先行做到，這才真正是綱的意義。

如此，統治者、為君者要管理社會，首先男人把女人管住了，夫為妻之綱，社會的管理成本立即減少了一半，管住男人就行了。進而家庭裏男性家長又把孩子管住了，父為子之綱，這樣君只需要管好這一個男人，出現任何事，女人老婆出問題了，找這個男人老公，孩子出問題了找這個男人老爸。如此整個社會結構中，一半的女人管住了，孩子也管住了，還剩多少管理壓力？

因此，再從管理學的角度來看，君為臣之綱，想做老闆就得有老闆的樣子，想做君主就得有君主的樣子，臣是代君管理天下男人的，而現在需要管理的所謂天下的男人還剩多少？如此管理成本下降了多少？然而，繼續看這套機制，男人又該如何管理？男人由族長來管理。一個族長不是所有男人都管，而是只管理他們家族的男人。於是只剩下族長，很好管理，政府部門、為官者只需管住這幾十個族長，此時可見整個社會的管理成本，是不是下降到了很低的水平？如果這樣管理，中國大陸的政府工作人員將會減少 80%，沒有必要再使用這麼多官員，管理職能已經深度壓縮，放到了宗族長手中、家庭的男人那裏，社會管理成本必然大幅縮減。

　　有人還是擔心，「老師，您講的都是過去迂腐的封建傳統，難道讓我們女人再回到舊社會三寸金蓮的時代嗎？」在此我要明確，古人的傳統中也確實有糟粕，我們隨後都會詳細講解清楚。但是無可否認，我們也有精髓，不能因為有些糟粕，就把真正的精髓全都一起扔掉。正如俗話所說，孩子洗完澡，洗澡水是髒的，但是倒洗澡水時把孩子

一起倒掉了，這肯定是不對的。如果我們只知向西方去學，豈不悲哀，西方那套體制究竟有多落後，我們隨後會對比講解，西方管理體制其實並不是先進的管理體制。

至此我講了這麼多內容，還是在講這個禮字，仍然講的是等級。所以，可見孔聖人的六藝，禮、樂、射、御、書、數，其中多麼深奧，而這些都是古人給孩子們學習的，不到十歲的孩子就開始學習這些了，也就是師者傳道、授業、解惑也。師者所傳的是道，即謂道德為先，古制不可輕改。透過前面的講解可以看出，古制一旦改變會造成多大的社會資源浪費。

如今禮都沒了，而且是徹底沒有了，此即謂禮崩樂壞，只用法律控制人，真的太愚蠢了，法律怎麼能控制得了人？法律的漏洞太多、太大了。所以，現在的中國人根本不怕違法，為什麼貪官屢禁不止？甚至一百個人中抓一個貪官，其餘九十九人可能都是倖免者，因為違法成本極低。用法律控制人根本控制不了，法律漏洞之多根本跟不上人的聰明智慧。只需稍加觀察，我們古代那些安定盛世的社會中，為何沒有那麼多審判的法官？一座縣衙只有縣令自己，管

理全縣百萬百姓，只有縣令親自判案，如果案子多了，縣令自己根本忙不過來。就是因為大半的社會問題都是在宗族、家族中已經解決，根本上升不到社會中。多好的一套社會治理體系、社會管理體制啊！

結果，現在一味向西方學習，古制傳承全都打亂了，真的很愚蠢。五四運動之後的新民主主義運動，不一定是帶領中華走向先進，也不一定是走向美好，而是倒洗澡水時，把孩子也倒掉了。所以，我們要學習國學大智慧，學習中華古之聖人留傳給我們的孝禮文化、教化之道，不要認為這是國家和民族的事，與個人沒有關係。其實，這些與我們的個人修養、與我們的家庭幸福、與我們的家族發展、與我們的孩子成長，都有著非常直接和重要的關係。同時對家族、對企業、對社會的管理，以及對每一個中國人的成長，也發揮著極為重要的作用。

漢制教化之道的兩個階段，小學階段和大學階段。小學階段是孩子七歲入學一直學到十五歲，入小學開始先學灑掃、進退、應對，同時學《爾雅》識字，識字後馬上開始學習《孝經》和《論語》，即做人、做事之道，亦即立德、

立功之道；小學階段還有最重要的一門課程即六藝，禮、樂、射、御、書、數，前文著重講解了禮，知道為什麼禮是六藝之首，祭祀延伸出禮，而禮是孝道文化的根基。還著重講授了禮即規矩的教化，可以做到祭祀之心的誠和敬，這是孝道文化的起點、基礎，也是儒學入門的一套踐行體系。

禮既是規矩，又是道的入門。孝乃德之本，而禮做好了也是入道的根基。修道尤其講究敬天、法祖，即孝道文化。所有修道之人一定都是先從此開始，然後有等級、守規矩，師徒間的禮儀、禮節，誠信、誠敬都必須具備，所以禮就是修道的基礎。想拜得明師修道，無禮者是絕對不可能的，最基本的禮節、規矩、等級、秩序、序列都沒有，不可能有師父會教這種弟子。心無誠敬，心中無等級、無界限，孝都不懂，何謂敬天、法祖也都不知道，一點規矩也沒有，任何一位明師也不可能帶其入門。歷史上得遇明師，最終得道之人，都有多高的德行。因此，禮乃教化之門。

我們隨後將講解六藝第二藝——樂。其實，講授國學

大智慧，先講大框架，而後講清楚淵源，然後再講脈絡，至於細分部分不能講得太細。根據淵源、脈絡和框架，若是之後有緣，能一直繼續深入的跟我一起修習，才能分門別類的一點一點慢慢講，繼續填充細節，而目前先有一個大概的整體輪廓，開始認識學習。

為何將禮樂放在六藝之先？我們稱夏、商、周為「三聖時代」，此概念源自於大洪水之後，夏商周一直承載著上古高度發達的文明體系，而夏、商、周三個階段就是從神到人的過渡階段，即稱之為三聖時代，此時施行的諸多機制體制，都是上古那一套成熟的、高度發達文明體系的體制，各領域都屬於神治到人治的過渡階段。夏、商、周時期的中華是真正的鼎盛與繁榮，其實比漢唐、宋明的文明都要發達、更加繁榮，只是歷史記載較少。

而夏商周及上古時期的文明，到底成熟到什麼程度，各方面、各領域發達到了何種高度，能夠比較詳細而徹底的體現出來的，只有儒學經典。孔子編撰的六經基本上體現得就非常好、非常之徹底。我們同樣會在一些古籍中，諸如《周禮》、《周易》、《尚書》之中，找出一些文獻

為大家講解，即可知道那個時期文明之高度發達，擁有非常成熟的政治與社會體制。而宗親制、家族制，以血脈、姓氏凝聚的家族作為社會穩定的基石，整個社會結構都是以此為基實現統治。事實上無論比現代西方，還是比現代中國，於社會體制方面都要先進、超前得多。

在此明確的告訴大家，夏、商、周時期，尤其是周，已經是非常成熟、成型的民主體制，千萬不要以為夏商周時是奴隸制，奴隸主、國王掌握著所有奴隸的生殺大權，百姓都被禁言，其實根本不是。我們研讀歷史文獻時得知，真正的夏、商、周時期，尤其周的記載較多，那是很成熟的國家治理體系，等級分明，上到國君，下至國人，都是有發言權的，國君要做決策，比如戰爭、重大政治事件，如果國人反對、不同意，國君也是做不了的。國君也不敢隨便犯錯，根本不敢驕奢淫逸，更不敢暴虐殘忍。歷史記載中，夏、商、周的國君，如果有昏庸暴虐者，國人對其不滿，這個國君都不敢回都城，甚至有很多直接在外自殺了。我們現在根本想像不到，現在總以為國君掌握軍隊，百姓都得無條件聽從，實際上那時的政治體制比現在開明

得多，其實就是民主制。後面我們會專題詳細講解。

講解禮的時候講到一些社會體制，因為上古時期和夏商周三聖時代，並不像現在一樣是用法律統治，沒有憲法，也沒有諸多的法律條文，統治簡單而直接，極易實行，又非常的公平正義，這是應用什麼進行的統治？就是用禮和樂教化眾生、管理國人。前文已經講了禮是如何教化眾生的，禮即規矩，而夏商周時期如何管理國人呢？夏商周都沒有法律，夏是用《連山易》統治國家，商則用《歸藏易》統治國家，而周即是用《周易》統治國家。

《周易》在周時，其實就相當於大家共同遵循的憲法，但這部憲法不像現在的憲法是對百姓的規範，必須得嚴格按照其規定做，否則就是犯罪，不是那樣的。《周易》呈現出來的稱為規律，規律即是天道，人必須得按天道做事。做人、做事必須符合天之道、地之規，地之規即是現實世界的物理規則，而《周易》呈現的即是天之道。沒有法律，如果有人犯了錯誤怎麼辦？宗族、宗親的族長和長老們會一起判定，這個錯誤應該受什麼懲罰，基本上很少驚動官府，而且那時也沒有這麼多官，都是宗族制。而全國最大

的宗族長就是國家的君主。

周文王是君主，擁有君權，又擁有神權，天下的君權和神權都在他的手上集中。何謂神權集中？即所謂替天行道、受命於天，所以稱其為「天子」。天之子，何為天？中華民族首先強調，我們是神龍的嫡系傳人，而真龍天子的概念從何時開始出現？上古時期顓頊大帝將人神分離，神歸天，人歸地，同時絕天地通。然而，雖然人歸了地，但是人還可以通天，若想通天，就要透過當時的祭司階層，祭司即是通天者，亦即是巫，當時最大的巫就是國君，因為國君本身就是受命於天，來教化、管理民眾和國人。

其實，中華的帝王有四個集權身分，一是君權集於一身，二是神權集於一身；三是族權集於一身，第一大宗族首領；四是夫權集於一身，掌管天下女人，所以帝王的老婆稱作帝后，而帝后則是天下女人的統領，對於帝王、國君而言，他就是最大的夫綱，夫權亦是天下集中。中華自古以來，其實一直到現在，百姓骨子裏也都保存著能夠將此四權集於一身的統治者、帝王領袖，百姓才認，並不是僅憑能力就可以統治天下的，不是武力強、胳膊粗、力氣

大就能當帝王君主，必須得是君權神授。所以歷代開國皇帝，諸如劉邦、李世民、朱元璋，才會有一些傳說，因為如此老百姓才會認他。老百姓到底在認什麼？即是認可他就是上天之神派下來的神龍之子，即真龍天子。是真龍天子，老百姓都服氣，所以我們都稱呼領袖為龍頭。

有龍頭，中華就是一條龍，不論四億人還是十四億人。但是，如果中華沒有龍首，現在的十四億人，就是十四億條蟲，人再多也沒有用，根本沒有凝聚力。中華要想復興、振興、崛起、興盛，必須得有強而有力的英雄人物出現，只要集四權於一身的英雄人物出現了，中華馬上就崛起了。歷史實例比比皆是，中華的復興、中華的崛起一定得有這種人物出現才行，即所謂龍頭、真龍天子。龍頭一旦出現，十四億條蟲立刻就合成一條龍，巨龍升空，中華就起飛了、崛起了。一個英雄人物就能決定一個朝代，這就是中華。不像西方的邦聯制、圓桌會議形式，是平等地位的集體力量，西方也是英雄人物創造歷史，但和我們不一樣，中國人在這方面更加突出明顯。

中華這套真龍天子的君主體系從何時開始？是從上古

時期留傳下來的，夏商周三聖時代尤其是這樣。真正的為君者，必得有德、有智慧、有勇氣，如此即稱為仁君，百姓愛戴，眾生擁護真龍天子，四權集於一身，非常易於統治，中華民族立刻萬民凝聚成一股繩，而且凝聚力極強，從而屹立於世界之巔。

現在的中華民族能不能復興、能不能強盛、能不能崛起，其實並不是看所謂的大環境，也不是依靠哪些領域高度發展，比如傑出的科技人才、科學家，強大的軍事力量，繁榮的文化大背景，其實那些全都是次要的。真正直白到底的講，中華要騰飛就是依靠一個龍頭人物，這個人出現中華民族立刻騰飛。無論現在國內外形勢多麼惡劣，不管現在我們有多少領域被動挨打，只要這個龍頭人物真正出現，中華民族馬上就會巨龍騰飛，然而如果這個人沒有到來，中華民族就是一群散落的蟲，即使二十億人也是二十億條蟲，永遠被動挨打。

所以，衷心的希望上蒼再把真龍天子賜予中華，希望國家能夠繁榮昌盛、長治久安，希望眾生百姓真正有安居樂業的好日子。百姓真正想要什麼？我們不希望有戰亂，

我們希望國家富強，並不是要侵略任何國家，中華強大了把這個國家占領、把那個民族消滅、要征服全世界，我們絕不是這樣的，這不是中華民族的本質。中華從自古以來的對外戰爭，基本都是應對北方匈奴、突厥、女真、蒙古等民族的侵擾，因為他們一直對我們有直接的威脅，我們是為了保障自己的生存。除此之外，中華幾乎從未主動發動過對外戰爭，去侵略、占領、奴役那些對我沒有威脅、也沒有招惹我的國家。戰爭於中華永遠都是最後的手段，我們疆域廣大，如何而來？基本都是同化來的，用我們中華的文化、文明感召，那些真正嚮往大中華的文明，自動加入進來的。

所謂世界大同，如果中華真正能夠實現世界大同，仍然還是用這種方式，不是以武力、胳膊粗力氣大把人家打敗的方式，武力戰爭於中華永遠都是最後的手段。真正的文化戰、文明戰並不是歐美最先使用的，他們是我們後學晚輩。中華的文明戰、文化戰，早在我們大秦、大漢、大唐時期就已經運用得相當純熟了，甚至早已遠播世界。我們中華禮儀之邦，在那個時期的歐洲人多麼嚮往，阿拉伯

人多麼嚮往，各國都派遣唐使到中華大唐學習。兩千年以前我們就在使用文明文化戰了，這是我們的長項，並非歐美的長項。

現在反而變成歐美國家對中華，展開了精神入侵、文化入侵、文明入侵，我們反而成為了被入侵、被同化者。我們必須要轉變，要把我們真正的好傳統喚醒出來，重新獲得自身強大，不是僅僅軍事力量強大，也不是僅僅經濟實力強大，而是我們的文化、文明真正強大起來，民族精神領域真正強大，我們的境界提高、身心靈都昇華了，讓世界各國真正的崇敬、嚮往，那才是不戰而屈人之兵。在此，我們呼籲、期待、盼望著，中華的龍頭、英雄人物早日出現。

第二節

中華科舉公平考試之源
平衡科學遠離奇技誘惑

夏、商、周三聖時代，我們不僅社會體制、政治體制，還包括軍事體制、經濟體制，都是沿襲上古高度發達、高度完善的文明體系，我們現在的學者真的應該好好研究夏、商、周時期中華的文明體系，現在到底有多少可以借鑒。其實我們現在要走的方向，就是孔聖人當時所走的路，復周之禮。

有人存在疑慮，「老師，走孔聖人當年的路？現在已經過去兩千五百多年了，還能向夏、商、周時期學嗎？」

是的，當然可以。黃帝、堯舜禹、夏商周，整個上古、中古時期真的是高度發達、高度文明的、完善的社會體系。而現在的社會體制、政治體制，方方面面都是碎片式的，沒有整體性，即不合乎道，也就是不符合天之道、地之規，所以現在社會總會出現很多的問題，我們卻不知道如何改

變，只是一味的向西方學習。

透過我在講解過程中與西方的不斷對比，我們可以發現，原來西方一直以來都在向我們東方學習，幾乎所有西方所謂的優勢，都是曾經從我們東方學習得到的。然而，我們現在看不透這一點，不知道他們原來是向我們學習的，現在改造形成了西方自己的一套體系，回頭又輸出到了中華，讓中華向他們學習，卻都學不到關鍵點。

我們現在正在講述教育體制，其中西方的考試制度，即小學升初中、初中考高中、高中考大學，這一套非常公平的、可以普及於大眾國人的考試制度，知道是從何處起源嗎？我們認為是從西方的學堂制來的，但是卻不知道西方的學堂制也有其學習來源，其實就是借鑒了我們中華的科舉制。世界上第一套公平公正、面向全民的考試制度，就是我們中華的科舉制。我們的科舉制起始於隋，成熟於唐。

公元十四世紀，西方人向中華學習了這套科舉制後，帶到了歐洲，1853 年英國王室全面實行中國的科舉制招聘

官員，之後逐漸改造形成了學堂制，分科目門類，面向全體國民開展公平的教育和考試。

科舉制有三大特點，第一是公平，歷史上最公平的考試就是科舉，無論富貴貧賤，是王公貴族還是平民百姓，不論出身門第公平自薦，即自己報名參加考試，從隋朝到現在已經一千五百年，是中華首創。第二大特點是每年定期舉行，而不定期、隨意舉行的就不能稱之為科舉。正如現在的高考，每年的 6 月份進行，其實在隋唐時期已經定期舉行。第三大特點是嚴格考試，考場制度非常嚴格，不能作弊，考試內容也很嚴格，設題作答不能跑題。

科舉制針對與替代的是察舉制。科舉之前，中華漢時選拔賢能，即是使用察舉制，漢再往前的周使用的是鄉舉制。隋唐以後稱為科舉制，一直到清末 1905 年被取締，而後我們開始向西方學習其學堂制，實不知西方是向我們學習的，自 1853 年英國開始實行科舉，西方以自然科學分類為學科，改造形成了學堂制。因此學堂制就學自於科舉制，而且把科舉制的三個特點都學會了。因此諸如高考等現代考試機制不是西方首創，一千五百年前中華就開始實行了，

十四世紀傳入了歐洲，1853 年英制教學體制才正式出現，後來才出現美制教學體系。現在西方兩大教學體系，一套是英制教學體系、一套是美制教學體系，其實這兩套差不多，都是源自於中國的科舉制。

中華漢朝時期的選才機制稱為察舉。察舉的特點是，由王公大臣，或者當地有身分、有德行的人推舉人才，「察」即觀察舉薦，是謂察舉制。漢朝在經過小學、大學，六經六藝學成以後，孔子時期提倡的學生志願就是學而優則仕，如何知道一個學生學得好與不好呢？那時是以考試為輔，而當時能教學之人都是當地的有德之人、有身分的人，因此採用舉薦制，由有德、有身分的老師，推舉推薦他本人教授的學生，詳細觀察後舉薦其中的優秀者。比如學生中有德才兼備者，即向州郡太守等官員舉薦，可以出任相應的官職，舉薦的同時亦得擔保。看似好像不如現在公平，感覺是任人唯親，然而舉薦的人才品德才能基本都匹配到位，否則擔保之人也會受其牽連。比如，一位老師舉薦之人成了貪污犯，或者大家都不認可，則最後老師的名聲、名譽都會受影響，甚至以後不能再為師、舉薦人了。

漢以前的時候，人還比較純粹，尤其在周時，都是鄉舉制。鄉舉即為鄉賢舉仕，已經落到基層選拔機制，鄉賢更得聽取鄉里大家的意見，因為在同一鄉里都是從小看著其人長大的鄉親，都很瞭解，鄉里就會不定期的向上舉賢，相當於現在的選舉，但那時並不能稱之為選舉，而是大家共同認可一人直接推舉。比如鄉里鄉親看著一人從小長大，此人德才兼備很優秀，認為這樣的人管理我們民眾，是百姓之福，於是鄉里直接舉賢，推舉給諸侯，於是諸侯任賢為能。隋之前基本都是這種舉薦制。

後來舉薦制為何不再實行？周末時候即戰國時期，人心不古，天下大亂，人心變壞了，舉賢就出問題了，基本都被王公大臣掌控，當官的最後也都是世襲，普通百姓已經沒有機會入仕為官。秦統一建國以後，把周的體制全都打破，政治上實行中央集權制，之後如何選賢任能為官，因其僅有十五年時間，根本沒定下來，到了漢即恢復周禮。

尤其漢武帝時期，罷黜百家獨尊儒術，所謂儒術亦即是孔子最強調的克己復禮，遵循古制周禮。用人也沿襲周時的鄉舉制，在漢時稱為察舉制。開始之時非常有效、非

常好用，因賢是舉，真正把六經六藝學得好的賢明之士，文武雙全、品德高尚之人就能選拔出來、推舉上去，如此在漢武帝之後，西漢延續了大約十代鼎盛，期間人才輩出，就與當時的舉薦制度有著重要的關係。西漢末期外戚當權、天下大亂，致使王莽篡漢，其實那時漢已經滅亡，是後來漢的偏遠劉氏宗親劉秀，起兵滅掉王莽的新朝，重新建漢，仍以漢為國號，其實是完全新建，即謂東漢，而劉秀即漢光武帝。

東漢鼎盛了百年後，到東漢末期，又是天下大亂，舉薦制的問題就又出現了，任人唯親，為官者不論德行、能力，當權者推舉的都是自己家的近親，於是形成了嚴重的派系黨爭，宦官外戚黨派林立、結黨營私、權力失去監督，致使東漢末期又一次天下大亂，最後魏蜀吳三國三足鼎立，後世成就了名著《三國演義》。

後來隋朝建國，為了解決這個問題，打破察舉制任人唯親的弊端，為了爭權奪利不顧顏面、名譽，推舉的人既無能力又無德行，都是自己的孩子、侄甥近親。於是隋煬帝開始不允許私人推薦，進行公開公正的考試，此即是隋

煬帝時期開始的科舉制雛形。但是隋朝的科舉還是不定期的舉辦，可能三年一次、五年一次，也可能一年兩次，而且考試也不那麼嚴格，科目也不那麼多，也不分文舉、武舉。

唐朝時期，科舉制真正成熟、成型，完整具備三大特點，不再任人唯親，宰相重臣的兒子也得經過科舉考試入仕，都是匿名考試，只能自薦，不管是何出身門第、身分地位，統一考試，不合格者不可以入朝為官，考試的考場紀律也十分嚴格，每年定期舉行考試，這些都是從唐朝開始，此時科舉制已經整體成形。而且唐朝科舉門類很多，有經學、史學，也有書畫、兵學，都可以有選擇的報考，考取之後就可以擔任某一領域的官員。武則天時又專設了武舉、武科，自此科舉分為文舉和武舉，不讀書也沒關係，體格好、能習武打仗、作武將，也給了一條功名路，即武舉。因此，唐朝武舉取才湧現出了很多能人。

宋朝取消了武舉，規定必須是文舉人才能報考武舉，沒有直接的武舉考試了，即是因為宋朝重文輕武。明朝科舉則開始考八股文，此時科舉制就有點變味了。八股文是

從宋朝王安石時開始，當時定出八文，但並沒有強制，到明的時候強制必須按照八股文進行考試，自此明清科舉都是八股文。因此，宋以後的科舉基本都變味了，讀書人才開始只是死讀書了。

所以我們整個中華文化，包括官僚體系，千年來直接受科舉的影響。為什麼中華如此博大精深的文明體系，掌握著完整的宇宙自然規律，基礎科學無比超前、境界甚高，卻沒有發展出先進的應用科技？其中一方面非常重要的原因就在於，我們有非常成熟的科舉制，都認為應當學而優則仕，最後有能力的年輕人，有想法的年輕人，全都變成了考試機器。因此，過度追求完美的科舉制就呈現了弊端，一個時期內，真正優秀的年輕人沒有機會百花齊放，沒有時間研究《易經》等基礎科學，也就無法進行發明創造，不允許買賣個人製造的科技產品，並以此實現富甲一方。

中華歷史上唯有一人，善於發明創造，以此富甲一方，又能造福一方水土、造福萬民的，即是陶朱公范蠡。范蠡是最偉大的發明家，有無數流傳百世、造福至今的發明，比如紫砂壺、海捕漁網、海鹽製作，而且現在的華東、華

中、華北、華南各地，均流傳著范蠡當時的發明創造，而且他真正能夠把這些發明創造應用於民間，使人發家致富，所以又被稱頌為商聖、財神。范蠡是真正把中華基礎科學的智慧體系，《易經》所傳的宇宙自然規律，即是我們現在正在學習的這套文明體系，應用在現實中的應用科學之上，而且真正用之造福一方，同時自己也能富甲一方，甚至富可敵國，但卻又可以三散其財、聚散無礙，這是歷史有載唯一之人。後世的大商人，無論鹽商、茶商，還是銀行票號、紅頂官商，都跟范蠡無法相比，後來的商人僅是做買賣、搞貿易，並不存在發明創造。

我們也多次提及，將老祖宗的基礎科學應用在現實應用科學上，進行發明製造的，還有一人非常傑出，就是都江堰的建造者，戰國時秦國蜀郡太守李冰，其水利應用科學屢建奇功，直至現在依然造福著四川巴蜀一方天府之國。李冰的兩大發明舉世著名，第一大發明就是都江堰，到現在四川成都的都江堰，仍然是人類歷史上最偉大的水利工程，無論東西方，全世界所有的水利工程都無法與之相比，甚至可以稱為天壤之別。現在的水利工程，即所謂水電站

大壩，都是大水泥塊，直接將河流截斷，所用的還是我們早期的蠢辦法，堵塞截斷河流。而李冰應用的是大禹治水的疏導之法，但是疏導是真正需要技術的，更加不簡單。

李冰建造的都江堰之神奇，到現在四川還在應用、受益。四川以前被稱為「澤國」，每年青藏高原雨季到來，洪水爆發之時，順著岷江東流而下，直沖四川盆地，每年都會把四川盆地徹底淹沒，根本無法種植莊稼，甚至不適合人居住。李冰用了四十九年時間打造了都江堰，從此以後就把岷江之水分成了內江與外江，無論不同年份岷江之水或大或小，一定既能保證四川盆地的灌溉，又能使多餘之水從外江流走，從未再次淹沒四川盆地，太神奇了。現在世界上最著名的水利工程師、水利專家，最夢寐以求的就是都江堰的科技，最驚為天人的就是李冰，至今無人能夠將其原理清楚的掌握。

李冰的第二大貢獻，即是發明了井鹽。四川山高路險，極其缺鹽，在李冰到來之前用鹽，只能用大批的馬隊馱鹽，從海邊歷經巴山蜀水，翻山越嶺到四川盆地送鹽，因為要生存，鹽是必不可少的。結果李冰一來就把這個問題解決

了，他在四川盆地內挖井製鹽，現在西川自貢仍然有很多的鹽井，把鹽水汲取上來後曬鹽，用各種方法製造出鹽，於是四川才能人丁興旺，才成為天府之國。後來的四川反而鹽多到要向外賣鹽，而且至今四川的鹽井還在使用。李冰多麼的神奇，而他就是中華道家的代表人物，運用的就是自然規律的基礎科學。

基礎科學研究透了，李冰的都江堰或者井鹽即是應用科學。而這套應用科學就是通達《周易》，掌握了天之道、地之規，中間結合人事，從而發展出來的。中國古代有沒有應用科學？當然有，而我們應用科學的特點，就是不破壞大自然，與大自然和諧共生。范蠡、李冰等等古人的發明創造比比皆是，而且都是造福一方的科學應用。

然而，中華古人之所以沒有大力發展、全面推廣應用科學，另一方面的重要原因則是，我們的古制警示著我們，不可以為了自己的方便，進行過多的發明創造，而要相對輕視這個方向，把這些稱為奇技淫巧，教導民眾不要把功夫用在發明創造上。我們的古人提倡耕讀傳家，所謂士農工商，工和商都排在後面，尤其是商，我們古人最不贊成

經商，所以商人在古代的身分地位很低，然而讀書人的地位很高。耕則是指耕地，也指織布，男耕女織，都屬於農。

因此，我們東方注重的是最基本的東西，不太講究發明創造。比如，火車發明傳到我們清朝時期，慈禧作為女性同樣有這個概念，說這是奇技淫巧，看著是很方便快捷，然而一旦老百姓把重心放到這方面，就會無限勾引人們的欲望，百姓就都不好好耕讀了，而商人就會看到暴利，而商人根本為社會創造不了什麼，只是進行交換，所以中國古代制止過度發明創造，但是西方反而在發展這方面。

其實，現在是不是就出現了這種問題？蘋果手機一代一代更新，人們就得不斷的買，一旦被吸引不買都不行，為什麼？因為蘋果手機的新鮮功能，給予我們極大的誘惑。而且現代社會給我們的誘惑太多了，我們已經完全無法向內觀，越來越看不清自己了。古之聖賢最不贊成的就是社會被奇技淫巧帶來的誘惑所吸引，各種娛樂、賭博、情色，誘惑太大了。如股票等諸多金融產品，不就是投機、賭博、不勞而獲嗎？帶來的結果就是，越來越沒有人幹活，現在各種實業都快沒人做了，大家都在研究買空賣空，都在嚮

往一夜暴富，這個社會還怎麼行啊？

中華引領世界的幾千年，看似世界好像沒有什麼超前的科技發展，但其實人類一直與地球和諧共生，保持著一種整體的生態平衡。但是，西方所謂的先進科技引領世界二百年的時間，地球馬上就不適合人類居住，已經千瘡百孔，動植物大部分已經絕種，南極、北極都快融化了。中華引領世界幾千年，一直是國泰民安，中華子孫繁衍生息，從未出現過這種狀況；現在西方近二百年時間的確科技飛速發展，但是西方再發展一百年，地球毀了，地球的人就都沒了。其實，地球不怕人類沒了，而是人怕地球不高興，地球並不需要人，而人卻離不開地球。人類的滅絕，要嘛是人類自己毀滅自己，要嘛就是地球不高興了把人消滅了。

現在的人類已經成了地球的害蟲，把地球的整個生態環境全都改變、破壞了，很多的破壞已經不可逆，最後必然是天有異象，或者大洪水，或者大瘟疫，或者大地震，就會天翻地覆的到來。為何會這樣？因為人類太過分了，地球已經千瘡百孔，當地球上的動物都無法生存時，就到了人類滅亡之時，而人類滅亡之後五百年，地球又會重新

恢復生機，現在所有的鋼筋水泥、高樓大廈、公路、鐵路，所有人類創造的所謂永遠堅固不壞的東西，根本用不了五百年，將全部塵歸塵、土歸土，回歸大地。而大地又將一片生機，植物都會回歸，動物也會回歸，但是最可恨的人就沒有了，人作為地球上的害蟲就被徹底消滅了。

　　現在的人類社會是不是這樣？每個城市集中千萬人口，整個一片土地全都變成了鋼筋水泥，全都是人造的設施，各種路橋、各種建築，逐漸整個地球都快變成一大塊鋼筋水泥了，地球如何呼吸？為了煤炭、石油等等能源，人類把地球挖成了什麼樣子，千瘡百孔，森林不斷的砍伐，都是西方科技毫無節制的發展結果。中華古代的科學不會往這個方向發展，即使能發展科技也不會向西方一樣發展，因為這種發展方向是自尋死路、自掘墳墓。

第三節

中華教化本為經邦濟世
八股偽儒偷換儒學經典

　　雖然中華的科學不會像西方一般過度發展，但是後期的科舉之路把所有的年輕人的重心，尤其是有志向、有理想、有能力、有智慧的年輕人的重心，全都固著在科舉考試上，而且讀書就是為了入仕為官。如果能夠一直按照漢唐時期教化體系，使年輕人文武雙全，學習得很全面，當然沒有問題，漢唐訓練出來的讀書人，不僅僅是只會讀書之人，都是經邦濟世之才，能文能武的人才。但是，宋以後的科舉制變了，以文為主，明清時期甚至直接變成只有八股文了，如此就把所有年輕人的靈感和智慧全都限制住了。所以，1905 年清政府廢除了科舉制，正式啟動了學堂制大興西學；1912 年蔡元培出任民國臨時政府教育總長，直接廢止讀經；直至 1919 年五四運動，以及隨後的新民主主義革命，中國進入了徹底反對和推翻封建統治的階段。

然而，事實上真正要取消的是八股文這套經學科舉，那時候經典已經都成為禍害了。到底是從什麼時候開始的？就是宋之重文輕武開始，南宋改經義、定格律，已具八股雛形，元時考試範圍便已限制於四書中了。尤其明清科舉徹底變成嚴格的八股文之後，年輕人根本沒有任何戶外運動，手無縛雞之力，只知死讀經典，教科書只有四書，考試只能用八股文格式文體，觀點內容也是諸多限制，已經完全違背了科舉制形成之初的初衷和理念，更是把漢唐培養經邦濟世人才的這套教化之道完全改變了。改變成為元的統治階級服務的、聽話的、迂腐的，只知紙上談兵的、對帝王統治階級沒有任何威脅的、沒有力量的腐朽儒學。如果從這個角度的理念上來講，這套經學科舉的確應該被打倒，應該被取締。

　　但還是那句話，不能在取締糟粕之時，把精髓也一同取締了，這是不對的。八股之錯不在經學，錯不在聖人，而是在於宋以後的統治階級，以及某一些學者。本來聖人傳授的是經邦濟世之道，聖人的教化體系是讓中華子孫，尤其是精英層，既有智慧又有力量，掌握著宇宙自然的規

律，這才是古之聖人的初衷和本意，但是宋以後、尤其是自元開始，把這套全民教化體系改成只是為統治階級服務。本來聖人之教化是培養猛虎雄獅，培養大獅王的，大漢、大唐時期都在培養這樣的精英、文武全才之人。結果，自宋以後變成了培養綿羊，把精英之學偷梁換柱，把猛虎、獅王，透過學習偽經學，把力量徹底卸掉，把智慧閉塞了。儒學被偷換了概念，逐漸形成了所謂義理考據之「偽儒學」，即已經不是真正的儒學。

這套偽儒學是南宋末期時出現的，1279 年崖山一役南宋覆滅以後，元入主中華，選擇了這套偽儒學讓百姓學習。元是外族入侵中華，讓百姓學的肯定不是有力量的，不是真正有大智慧的學問，一定是要找一套可以讓老百姓越來越乖、順、巧，越來越聽話的所謂的學問，天天口說理論的仁義道德理智信，天天讓百姓卸掉力量，使人鬥志全無。同時，元經過一百年的教化，別有用心的將偽儒學，移花接木至孔子的儒學體系。

朱元璋滅元建明，漢民族重新恢復了對中華的統治，應該教化強民，學習漢初和漢武帝的治國方略，進行經邦

濟世的精英教育。然而，朱元璋出身卑微，沒有自信，也害怕百姓有力量，害怕培養出精英，推翻朱明王朝的統治，於是反而把元的這套偽儒學變本加厲的強化推行，結果把科舉制徹底變成了八股文格式。再後來清朝滿族入關統治中華，又更加變本加厲的壓制百姓，大興文字獄，更是讓漢族學習喪失精英力量的偽儒學。

中華真正開始變化的時間點，即文化、文明的轉捩點，就是 1279 年元滅南宋以後，一直到現在都沒有重新轉寰過來。1912 年以後中國不再讀經，雖然也不再有八股文和科舉制了，但是宋末到現在接近千年的積累，偽儒學已經根深蒂固。聖人真正告訴我們的是陰陽平衡，欲望當然也是，如何看待、面對自己的欲望，過與不及都有問題，這一點一定要清楚。

欲望太過度，即所謂縱欲，既傷身體又傷德行，肯定不可以。但是天天禁欲，限制自己正常的欲望，結果更加可怕。為了所謂的修行、得道、成聖，嚴苛的控制和限制自己正常的欲望，最後的結局會非常慘。不要以為修行就是控制欲望，這是錯的，現在太多修行人都認為必須禁欲、

吃齋，男女授受不親，不能有正常的男女性關係，甚至不能想異性，也不能碰肉，一想一碰就漏了，有漏之身就修不成了。這些觀念都是被毒害的，其實禁欲的危害比縱欲的危害還要大。欲望越禁錮、越壓抑，之後的反彈就越猛烈。

真正的聖人，修行最終達到的境界，是清心寡欲的境界，然而那是自然修出來的，而不是禁出來、壓出來的。如果只知禁欲，覺著欲望不對、不好，絕不可能修行有成。人有兩大基本欲望，即食色性也，一是吃一是色，亦即飲食和男女，這是最根本的兩大欲望。如果天天禁食，覺著不應該吃這、不可以吃那，其實就是在暴殄天物。意即是，都對不起老天給予的基因。為什麼呢？常識上，虎狼獅豹都只能吃肉，不能吃草；牛羊鹿馬只能吃草，不能吃肉；而人卻什麼都能吃，這就是之所以人是食物鏈最頂端，人既能吃天上飛的，也吃地上跑的，既能吃樹上長的，也能吃海裏游的，沒有什麼是人不能吃的。

然而，我們要知道這是上天對人類的恩賜，人之所以能夠統領世界，能夠在各種惡劣的生存環境下繁衍生息、

堅持生存，與我們是雜食動物有直接的關係。我們既有門牙，即切牙；又有犬牙，亦稱為虎牙；還有臼齒，以及前臼齒。所以我們人類既能吃肉，又能啃骨頭，還能吃菜、吃草，甚至樹皮、草根等等我們都能吃，因此我們的生存空間無限廣大。這就是上天給予人類的恩賜，怎麼可以認為吃肉是一種罪惡呢？如果真是這樣認為的，相當於直接將上天的恩賜杜絕大半，根本對不起上天給予人類的、完善的高級基因。當然我們所說的意思，絕不是認可和允許縱欲，諸如看到路上跑著一隻小狗，烤著吃了；發現河裏的魚游得真好，抓住吃了，那也肯定不可以。

我們感謝上蒼讓我們什麼都能吃，讓我們具備寬廣強大的生存能力。而且，人和動物之間、人和植物之間，不是簡單的因果關係。並不是所謂人吃了動植物，動植物就會恨這個人，以後就會報復他，不是那種關係。

有人認為：「此生我吃了一頭豬，來世這頭豬就會找到我，吃了我。」

還有人認為：「豬肉都是有毒的，甚至殺豬的時候就

會有毒。」

有人甚至會想：「我不小心踩到一隻螞蟻，螞蟻多疼啊，肯定恨死我了，晚上就會變化了站在我的床前來找我。」

如果覺得佛法的因果關係就是這樣，那就太愚蠢了。事實上，和尚必須吃素，開始於梁武帝時期，梁武帝下令所有寺廟裏的和尚必須吃素，不可以吃肉，而梁武帝最終下場之慘，我們也曾經講過，後面卻把這個當成了真理。到現在，中國人才吃了幾天肉？八十年代之前的中國人，菜都吃不上，能吃到肉嗎？所以到現在中國人的身體還是那麼弱，其實中國百姓已經近兩百年沒有肉吃了。九十年代以後，終於能吃點肉了，卻又說得吃素，那還用修嗎？

修行可不是如此修的，雖然肯定不能縱欲，但是也千萬不能禁欲。首先是一個正常人，修行是人的昇華，所有的佛、聖、仙，都是正常人的昇華，然後才是圓滿的人。真正將人做圓滿了、五福俱全了，才能昇華成仙、佛，不可能人都做得不全，就能夠昇華。天天這個不對、那個不

行，才是不對的。

　　我開始也認為修行怎能不吃素。修行人如果吃肉，又結婚娶妻，想成佛就像把沙子煮成米飯一樣不可能，而且認為這都是經典所講。但我的師父說根本不是那麼回事，經典並沒有錯，但不是你理解的那個意思，經典不能從字面上理解。如果中國人全都吃素、吃菜，瘦得就像豆芽一樣，而俄羅斯、歐美人天天肉蛋奶，身體健壯，有一天真正到戰場時，東亞病夫的稱呼又該回來了！記住這句忠告，不是讓大家放縱欲望，而是要感恩上蒼給我們的基因，讓我們成為雜食動物，什麼都能吃，所以才能成為食物鏈的最高層、最頂端，老虎、熊我們都能吃，根莖葉也都能吃，所以我們任何環境都能活。

　　人的確是需要肉蛋奶的，尤其是孩子長身體的時候，肉蛋奶不可缺少。不要認為肉蛋奶是罪惡，那是人類正常需要的營養，而認為肉蛋奶是罪惡的想法本身才有問題。千萬不要給孩子心裏灌輸錯誤觀念，認為學了一點佛學就很高尚，覺得自己學的佛才是真佛，自己就成了高尚的人，所以就應該吃齋、吃素，應該禁欲，不再有夫妻生活，甚

至不該有男女正常欲望。然而，人生最基本的兩大欲望，一是生存、一是繁衍，如果兩項最基本的欲望都被控制住了，各種禁忌，不吃肉蛋，只吃白菜，油鹽不沾，甚至蔥薑也是五葷不能碰。身體怎能不缺營養，把這些觀念向世人傳播，難道不是害人嗎？

當然，絕不能只因為一口吃的，就無故殺生、殘忍對待動物，那也是過度，同樣不可以。我們既不能過度的縱欲，不能為了滿足過分的食欲去殘害動物，也不能過分的禁欲，而是應該正常吃喝，不去想那麼多。先把人做好，成為一個正常的普通人，不要去想所謂高尚的人、修行人，我就是一個人，身體健康，沒那麼多忌諱，忌諱越多身體反而越不好，忌諱越多事業障礙也就越多，其實沒有別人障礙你，都是你自己不斷的障礙自己。保持好平衡，才是真正的修行。

男女之間的性生活也是一樣，正常的欲望不能壓抑，當然也不能放縱。哪裏有壓抑哪裏必有大反彈，壓抑過度就會心理變態，最後好像在男女之事上沒有多大欲望了，但是壓到一定程度後就會在其他方面變態。所以，欲望千

萬不可以壓抑，要有正常的途徑釋放。戀愛年齡就正常談戀愛，結婚年齡就正常結婚，生育年齡正常生孩子，這就是正常人。不要打破這些規律，不要為了修行限制自己的正常欲望，限制飲食就是不能正常生存，限制性生活就是不能正常繁衍，生存和繁衍都有了影響，那就連正常人都不是了。現在，正常的繁衍生存很多人都不想了，然而這兩項都抑制住，還能稱為人嗎？做人都有問題、都不正常，還談何修行！

　　宋滅以後，元的帝王為什麼大興四書、八股文？為什麼還要興佛法？這就是根源所在，讓漢人自我閹割，百姓都不吃肉、沒有野性、禁欲了，也就沒有動力、沒有力量了，統治階級最希望子民全變成綿羊。而要想把豺狼虎豹的野性和力量去掉，使其變成綿羊，最好的方法就是閹割。只有像劉邦、李世民那樣雄獅、猛虎一般的帝王，才希望自己帶領的都是精英、都是豺狼虎豹，才希望最有力量、最有智慧的人作為自己的臣民百姓，帶領這樣隊伍衝殺於世。趙匡胤、朱元璋這樣的皇帝，都不是馬上皇帝，當了皇帝天天害怕被篡位，天天盼望的是是百姓千萬不要有力

量、不要有智慧。

所以宋以後整個中華文化就變了，宋、明、清、民國，直到現在就徹底變了，統治者都希望老百姓沒有力量，害怕百姓有力量、有智慧，使他的家天下無法長久，所以就不斷的愚民，把老百姓都閹割。用什麼方法進行閹割？就是壓抑欲望，把食、色都壓抑了，力量就被壓制了。因為力量和智慧都是從欲望中發出，沒有欲望的時候，力量和智慧根本發出不來。縱欲會抑制智慧和力量，使人非常虛弱、癡癡呆呆、沒有力量；但是禁欲同樣使人非常虛弱、癡癡呆呆，而且使人沒有鬥志、沒有動力。

人類所有的力量和動力從何而來？我們為什麼能夠感覺活得有希望與理想？何謂理想？理想即是大欲望，動力都是從欲望中來。

有人說：「老師，我不把小欲望壓抑了，怎麼能有大欲望呢？」這種想法是錯的。大欲望是從小欲望中來的，如果沒有小欲望，所謂救度眾生的大欲望，都是胡扯亂吹。試想，如果吃飯的動力和心思都沒有，卻說想解救蒼生，

難道不是吹噓嗎？孔聖人如何解救蒼生？是透過學習這套學問體系，大家吃得更好、繁衍得更好，更加五福俱全，才是真正的解救蒼生。否則，即使解救了蒼生，又讓蒼生做什麼？該吃的、好吃的，都不吃，也不許吃；想看的、好看的，都不看，更不許看。吃好的不行，看美的不對，最好一點欲望都沒有，如此一點動力都沒有了，活著還有何意思？一百歲又有何意義？

　　拿破崙曾經說過，男人為什麼有想征服世界之心？為什麼有征服世界的力量？就是因為要征服天下的女人。男人透過征服世界來征服女人；而女人透過征服男人而征服世界，這話雖然粗俗，其實說得精準到位。弗洛伊德也是這樣講的，一切力量和智慧都源自於欲望。做人的基本欲望都沒有，都被自己限制了，也就沒有任何動力了，談何大願。大願建立在小願的基礎之上，小願滿足了才能昇華成大願，人的智慧和力量無窮無盡，但首先要滿足小欲望，進而大欲望即從小欲望不斷的延伸出去。為什麼想征服世界？天天不吃不喝，性生活也沒有，征服世界做什麼呢？能有那種動力和勁頭嗎？天天在深山古廟裏打坐，口說要

解救天下蒼生，要有大願，修成佛後度化眾生，佛豈是這種人這麼修能夠修成的？

這麼講可能有一些同學會恐懼，因為從小到大所受的教育，很多都是要做個清心寡欲的好人，要控制自己的欲望，嚴格自我要求，甚至戒律森嚴才能做好人。一定要控制好欲望，才能不做壞事，天下才能不亂。然而，到底何謂真理真諦？何謂道？我講的是否合乎規律？書前有志於中華文明的同學，想不想聽真東西？現在，中華真正的道不在市面上，很多所謂高人大師好像講得清清楚楚、明明白白，在教授世人如何修行。但是，首先要看這位大師是否是這樣修的？講出來或者寫出來，人們就覺得他是高人、聖人，就想跟他學習。其實根本不是這麼回事，說出來、寫出來不代表真正做出來了，如果真的這麼做了，再看是什麼結果。在此也要真實的告訴各位有緣人，如果真的壓抑、控制自己的欲望去修行，最後一定成魔，而非成佛。

天天滿口仁義道德，強調一定得把食色控制住，之所以被稱為偽儒學，就是因為這是將儒學仁義道德禮智信的方面、禁欲的一面無限的擴大了，而儒學力量、智慧的一

面被一味的壓制和削弱、甚至泯滅，儒學本身是平衡的，但是偽儒學不講平衡。甚至口說都是平衡，卻不斷的強化泯滅欲望，這種人往往表面道貌岸然，但卻是當面一套，背後一套，表裏不一。

了解歷史的同學，即明白前面講的都是歷史真相。而在此我要為大家講解，這些道貌岸然的偽君子為什麼變成了變態，為什麼喪失了基本的人倫道德？就是因為壓抑。天天學儒學，難道他們就不想成為仁義道德理智信的好人嗎？然而，天天學的都是偽儒學，如此越想成為聖人，越會壓抑自己的欲望，就越變態。欲望是壓不住的，壓抑欲望完全違背道、完全違背自然法則，一定記住這一點。

元於 1279 年統治了中華，而中華不能離開儒學這個根，但是如果真的學習儒學，學習真正的漢唐儒學，那樣中華兒女、漢族子孫豈不越來越有力量、越來越有智慧？如此元的統治如何受得了？蒙元人基本都是粗人，其中也有高人，而且還有幾個漢人，即那時便已出現的漢奸，給忽必烈出主意說，還得繼續學儒學，但是只能學習四書，而且是固定註釋的四書，其他一概不允許學，五經根本不

允許看。而且從那之後一直到現在都在這樣學習，所以我們現在所學的儒學，其實是宋末蒙元時的偽儒學。這一段大家理解透了，就知道中華文化到底怎麼了，也就知道博大精深的中華文明智慧、鐵血強盛的中華漢唐力量，到底為何沒有了。

第四章

一陰一陽平衡勇於逆行

國富民強誠敬孝禮之道

第一節
縱欲禁欲皆是極端
君安思危方能高瞻遠矚

我們中華祖先在孔聖人時期，就已經把這一套智慧體系講得清清楚楚，一陰一陽之謂道，道法自然，不可壓抑。壓抑到最後一定會反彈，而且有壓抑就會有劇烈的反彈，反彈的形式卻不一定是什麼。而西方看到這一點的是弗洛伊德和榮格，看得也比較透徹。

真正的修行千萬不要走錯路。然而，現在好多人覺得真正的修行就是禁欲，先從禁欲和戒律開始修。要真正明白何謂戒律，那可不是禁欲，不要理解錯了。上一章講過，我也走過彎路，後來領悟過來了，但也很危險。不要以為明師只是教仁義道德理智信，教如何吃素，如何禁欲，如何見到美色而不動心。其實根本不是，而且正好相反。何謂明師，又何謂邪師？天天按照書上的仁義道德理智信教授大眾的即是邪師，不懂道，不懂何謂欲，不懂何謂力量，

更不懂智慧從何而來。如果都掌握不了度，還能懂什麼？如果何為平衡都不知道，還修什麼？

　　所有修道、得道之人都是教人不走極端，縱欲是極端，禁欲當然也是極端。天天都想自己做好人，那所謂的壞人還存在嗎，能徹底消失嗎？天天想著做好人是不是極端？

　　有人問：「老師，我還能想做壞人嗎？都這麼想，社會不就亂了嗎？」

　　其實你反而錯了。真正的明師一定會給你講清楚，什麼是好人、什麼是壞人；一定會告訴你，你認為的好人不一定是好人，而你眼中看到的壞人也不一定是壞人；眼見的不一定為實，耳聽的也不一定是真的。真的修行人、明師指引的路，明師為你講授的，基本上都很顛覆。正所謂「順則成人，逆則成仙」，何謂順？凡人認為對的，認為好像可以成仙成聖的路，其實反而是成魔之路。何謂成人？即是指墮落了，由佛、菩薩道墮落到了人道，而人再往下就是畜生、餓鬼、地獄，然後就成魔了。

　　順則成人，凡人認為對的，如果順著人眾潮流、從眾

之認知所謂對的路去走、去做，基本就會墮落下去。反而，認為不是那麼回事、認為從眾其實並不對的人，真正在修行之時，師父傳授於他的，才真正是成聖之路。然而能夠理解嗎？正如當下這一段內容，在其他的書上、其他的課程中，是否都在講授修仙之人、得道成聖之路必須要禁欲？是否都在講授戒律？然而，如果按照禁欲戒律的方式修，真的修到極致，就修成魔了，意即是如此執著的修下去，莫說成人，畜生都難做，直接就成魔了。

所謂的魔是怎麼成的？就是天天想成聖，天天行所謂的善，天天做自己認為的仁義道德理智信，天天禁欲、存天理滅人性，如此最後就修成了魔。從書上就能學習如何修仙得道，那就想得太簡單了？放眼歷史，歷朝歷代中，有從書本上學習即能修行得道的人嗎？哪位得道之人沒有明師教授？難道明師就是按照你認為對的教授你嗎，那是真正的明師嗎？那還需要拜師嗎？既然都是按照你認為對的去學、去修，那麼你直接做就行了。現在，所謂的吃齋、念佛、禁欲，就是所謂的修行人認為對的修行之路，日行一善即能成仙、成佛，即所謂積功累德，意守丹田、大小

周天，就能開天眼。如果能夠像這樣看看書、聽聽課就修成了，豈不人人都修成了？殊不知按照那些方法修，最後就成魔了。

能讀到我的書，而且能讀到此處的同學，基本都是有緣之人，而對我所講授的觀念不認可、恐懼、反感的，很難繼續讀下去，我的書並不追求讀的人越多越好，而且這一部分內容就是針對上上根，針對一小部分有勇氣、有悟性的人所講，不是很適合中下根之人。真正的國學大智慧是對勇敢者講授的，是對渴望知道真正的大智慧到底是什麼的人講授的，亦即一定是對真正有勇氣之人講授的。小根性者、大業障者，根本不敢面對，學習深入了就會害怕，根本承受不了，很可能無益反而有害。

所以，如果難以理解、感到恐懼的讀者，可以暫且放下，讀到最後能夠留下來的即是與我有緣之人。真正的道、真正的智慧和力量，不能人人都掌握，如果人人掌握，社會不也會亂嗎？真東西也不是中華人人掌握，不可能所有的華夏子孫都成為老虎、成為獅王，那其他國家、其他民族之人也受不了，世界豈不全都是中國的了？其實就是這

個理，不必過於怨恨統治階級，所謂壓抑迫害我們、閹割百姓的欲望。其實，任何人做統治階級都是這樣，都會害怕老百姓比他還強大，害怕他們有更大的力量，同時也害怕他們有更高的智慧。

正如一個公司的老闆，只有特別有力量、有智慧者，會希望自己的團隊越來越強。如果自己都自卑，都不認為自己有力量，都覺得非常無助，回頭看自己的團隊，就會希望是一群聽話的牛羊，豈敢帶領一群豺狼虎豹？這是可以理解的。真正得道之人，要嘛為朝廷所用，要嘛為朝廷所懼、所不容。真正的智慧、真正的力量，一般的統治階級承受不了，無緣之人肯定會恐懼，敢於面對和學習的一定都是有緣之人。

我們講授國學、中華文化起源、文明脈絡，其實更像漫談，並不是非常系統的講述，因為都是我這麼多年實踐應用的積累，而且我們的教化之道即是因材施教，不同讀者的感受其實都是不一樣的，因人而異。有的同學不好接受這種漫談形式，其實都是我多年的積累，不需要過於重視形式，也不會太刻意。其實過於刻意，大家肯定反而不

願意看，這可不是大學課堂的課本，我也不是大學教授，我編著此書僅僅是因為有讀者願意看，而讀此書者自會受益。

作為老師，即要傳道、授業、解惑，也就是學生、弟子是否真正有所受益，真正有認可度。老師並不是只論名氣大、背景高，首先要看有沒有人主動跟隨求學，價值可以體現在價格上，然而即便是最貴的老師報出價來，是否有人願意聽，聽了之後是否有所受益，是否願意口碑相傳？真正實現這些的老師，才是真正有價值的。更不能簡單的評判是否得道，不是只用一張嘴在忽悠，現在純粹在忽悠的人很多。所說之言之理真正可以使人受益，人家才會口碑相傳，再高的學費價格也有人支付以求學，市場上才真正有人認可這位老師的價值，越來越多的人確實受益了，就會口碑相傳，才說明老師教授的這套智慧有這個價值。

其實價值並不是所謂錢的概念，而是我們無論學習任何知識、技能、智慧，都不要去學空的東西，何謂空？空即是虛、不實用，即是沒有價值。學習一定都得實用，就是所謂的價值得體現出來，別總是虛的。不能天天總是做

公益，什麼都是免費。真正的精品會總是免費嗎？你需要被認可，而大家透過什麼來認可你呢？你的價值就體現在價格上，其實就是這麼實實在在的。

有人疑問：「老師，那不成了只認錢了？不是貪財嗎？」這與認錢沒有任何關係，也不是所謂貪的概念。現實生活中能跟錢和財富作對嗎？我們每一個人在現實中的價值，首先體現在價格上，這是經濟學的基本定律。有沒有財富，只有能力，只有愛心，只是口說高尚強大，造福一方，造福於民，然而社會的認可首先就是透過價值決定的價格，

現在很多修行人以自己一貧如洗、一窮二白為導向，認為沒錢就是光榮，那是絕對不對的，不是修行正路。修行人千萬不能走上那條路，天天只是不貪、視金錢如糞土，清心寡欲、高風亮節，兩袖清風、一身傲骨，甚至要天天吃糠咽菜，但是心存高遠，覺得這才是得道高人，才是修行人。千萬不要進入那種誤區，那是阿Q精神，而不是修行人，一定要分清楚。現實生活都過不好，活得都難，何談修行？

現在很多所謂的修行人，真是進入誤區了，不修還好，一修就走偏。沒開始修行時，企業打拼得還挺不錯，後來企業有一定規模了、安定了，就想昇華，人其實就是這樣。當物質達到一定程度以後，不愁吃不愁穿的時候，人就向兩個方向發展，一個方向即所謂飽暖思淫欲，就去尋求生理上的感官刺激，開始墮落，天天喝酒、應酬、夜總會了；另一個方向，還有一部分人有錢安定以後，就想這一生要有意義、要昇華，開始逐漸走向修行之路。其實，這兩個方向、兩條路都有陷阱，都有很大的誤區。

　　第一條路不用多講，飽暖思淫欲，尋求感官刺激，或者感情上的刺激，有錢了就找美女帥哥，甚至吸毒追求精神刺激，花天酒地，胡作非為，這已經直接墮落了。重點講第二條路上，嚮往修行這批人，其實陷阱更大，自古以來真正的修行之路其實是最難走的路，路上陷阱最多，真正走上修行路的人，即所謂修行有成的人，都是高智商的人。歷史至今，都是最高智慧的人走在修行這條路上，他們不會做世俗的工作。剛剛走上這條路，如果無緣得遇真正的明師指點，修行之路步步陷阱，自己如何努力睜大眼

睛都沒用，都會陷進去，因為這條路上都是聰明人、大智慧之人，現實中作為企業老闆好像挺厲害、挺成功，但那點小聰明、小智慧，到修行領域中，可不是那麼簡單能成功的。需要很大的福報和緣分，一入修行即能遇明師、指明路，而沒有落入陷阱，沒有落入地獄，其實並不簡單。所以有緣跟各位讀者交流，我只是想講一點真東西、心裏話。

如果真正財富自由、生活無憂了，規勸大家首先放下兩條心，一是尋求感官刺激、追求墮落之心，守住做人的本分。人的一生本就是一波三折、三窮三富，可能經歷事業成功，依靠某一人脈，抓住一個機會、一個計畫就成功了，但這種成功都是有漏成功。其實所謂成功，不是因為你的能力多強，能力強的人太多了；也不是因為你多善良，善良與成功沒有直接關係。所謂誠信、善良、仁義禮智信是成功的基礎，中國的馬雲、馬化騰等人演講時都強調其成功是因為誠信、格局大、能捨，不要聽其表面之辭，其實不然。

如果不知何謂真正的善良，就根本不何為真正的捨，

這些都不知道的情況下，所謂標榜那些的人都只能將你帶到陷阱中，只會坑害。當你沒有智慧時，即使企業做得再大，都是有漏成功。意即是，在一定前提下你能成功，依靠的可能是人脈，一旦人脈沒有了、倒塌了，說不定你還會受人牽連，承受牢獄之災，成功也就無從談起了。也可能趕上某個行業大潮、高速發展，你無意中進入了這個行業，例如十幾年前的房地產行業，任何人都能成功，然而行業本身也有起起伏伏，成功也就隨之起落。因此，有漏的成功不能稱為智慧，即使成功也都是暫時的。

　　千萬不要簡單的認為現在企業挺好，錢也足夠，這一生就衣食無憂了，不要想得太美好。人的問題在於，總是感覺著當下即是永恆，當下衣食無憂、企業良好、利潤不錯、員工和諧、舒心愜意，其實這是人的弊端，就會感覺世界永遠都會這樣，不會改變，這是一個誤區和誤解，人生絕非如此。所以，當人獲得有漏的成功時，亦即是沒有掌握大智慧時，憑藉所謂的小聰明、一點情商、智商，抓住機會成功了，千萬不要以為是永恆。一定要記住「居安思危」。

有錢時不要多花、過度消費，所謂零首付，然後就買房開始供房貸，這即是過度消費。一旦世道突變，又沒有準備，就將下場很慘，最後房子也沒了，想再次抓住機會東山再起、再造輝煌，可沒那麼容易了。失去機會、失敗一次之後，重新創業、重新起步，沒有幾個人能再做起來，大多數人都是就此沉默一生。所以，中華古人的大智慧留傳著一句話，「禍兮福之所伏，福兮禍之所倚」，即是謂居安思危。

比如新冠肺炎病毒，無人能夠預料，如果沒有居安思危的準備，上一年度公司蒸蒸日上，還制定了三年上市計畫，覺得肯定一年比一年強，然而天災一來，所有的生產、銷售計畫、利潤預測就都沒用了，甚至即使疫情緩解，經濟已經重創。而且如果僅是中國一國經濟重創，中國是世界工廠，世界經濟運行良好、消費力較強則問題不大，很快就能復甦，但現在是整個世界經濟重創，無處出口，所以現在所有的計畫全部打破，面臨的是備用金有多少，能支撐多久的問題。無論之前你賺過多少錢，利潤多麼高，都沒有意義。而賺到的錢如何使用、如何分配、如何安排，就可以看出你作為企業老闆真正的智慧，是否真正高瞻遠矚。

第二節

國富長久發展屹立不倒
民強責任擔當拼搏創造

　　百年企業何以維持那麼長的時間？是因為人才多，因為產品好嗎？其實這些都是次要的，真正要把企業做長久，要做到高瞻遠矚，需要我們國學體系中帝王學的重要一點，即必須富國。何謂富國？所謂富國強兵、國富民強，一般人理解的是國家富足有錢，也就有武器了、兵強馬壯了，老百姓也都有錢了，發家致富、奔向小康了，這就是所謂國富民強。其實這是錯的，並不是這個意思。

　　真正的國富是指，國家有很多的積累，國庫充盈。而老百姓是否也是家家富裕？國家的大河中有水，老百姓的小河中水肯定也很充盈，是這樣嗎？如果對經典真的理解不清、理解不透，就會這樣認為，但是其實不然。我們中華的帝王學最講究的就是國富民強。這句話的意思真正應該如何理解？因為涉及到國家，跟所有的企業也有直接的

關係，作為企業老闆如何面對危機？尤其是遇到不可抗力的危機時，企業已經不能考慮發展，而是如何能夠延續、存活下去。

比如新冠肺炎病毒疫情已經導致一半的企業無法存活，如果疫情時間更長，那很可能只剩下一些國營企業了。然而，為什麼之前中國經濟發動機飛速運轉，現在一碰到事情、一遇到疫情，很多企業一年、甚至半年都堅持不了呢？問題就在於沒有智慧。其實聖人在經典中都已為我們點出，但是能理解到什麼程度則在於個人自己。現在我們即是在講疫情跟當下企業管理有何關係，為大家解釋何謂真正的國富民強，亦即是上古聖人如何統治和管理國家。有的朝代能夠興旺、興盛幾百年，有的朝代卻很快衰落，其實真正興盛朝代的幾代帝王，做事、治理國家一定符合帝王學，帝王學即是天道，上通天之道，下合地之規，中通人事，再把握和決策國事。

到底何為國富民強？先不論國家治理，我們就從企業管理上來看，現在大多數的企業老闆受的都是西方管理學的教育，都認可所謂的人性化管理，認為員工一定要有主

人翁精神，要調動員工的積極性。首先管理有幾個原則，第一原則是讓員工成為主人翁，以股權激勵使員工能夠跟企業一直往前走，把企業當成家；第二原則是多勞者多得。

現在很多中國企業，老闆根本不把自己的身分定位為老闆，只是覺得自己打造了一個企業，建立了一個平臺，企業和平臺的運轉是自己與下面所有員工共同努力實現的。如果老闆有了這種想法，企業創造利潤以後，他就會想，我作為老闆拿我的這一部分，員工們拿員工的那一部分，大家即使不是平分，老闆也不能太黑，更不能剝削員工，很多老闆都希望員工越富裕越好，企業賺錢分紅時，恨不得把三分之二的利潤給員工，大家有福同享，分紅越多、工資越高老闆越自豪。

同時，多數老闆認為，越是這樣員工幹勁就越大，主觀能動性就越強，而且因此而希望有一天企業真正有困難時，員工可以跟企業共患難，與企業一起扛，認為企業是員工的家，每一個員工一定都對企業有感情，很多老闆會這麼認為，所以賺錢後基本全都分配下去，覺得會形成良性迴圈，企業越來越團結，越來越能夠形成向心力，打造

出一支鐵軍。然而，這僅是西方管理學，也就是西方不斷給我們灌輸的，所謂 MBA 工商管理學的管理經驗。

　　然而，中華帝王學，亦即是中華先聖之管理學警示和教授我們，作為老闆總是存有上面那樣的想法，企業必危。因為，那樣的老闆根本沒有自己的定位，定位有問題，所做的就基本都是錯誤的，企業則絕對長久不了，這樣做的企業不能稱之為國富民強。而最重要的一點是，企業要想生存，備用金一定要充足。備用金即是所謂庫存、庫銀，古代的國富即是指國家的國庫銀庫充足。然而，國家和人民，國庫的儲備和百姓的積蓄之間的關係，應該是正比還是反比呢？

　　有人馬上回答：「老師，當然是成正比了！國家富裕了，老百姓不就有錢嗎？」

　　社會創造的財富總量是一定的，國庫儲備和百姓積蓄之間真正合理的關係是，作為統治者，必須得清清楚楚的知道社會財富如何分配。如果這一點都定位不好的統治者，治理國家一定是昏君，治理企業則必然是個昏庸的老闆，

國家必亡，企業必敗，這也屬於帝王學的整體性大智慧。

有人看到此處不以為然：「老師，西方發達國家不都講藏富於民嗎？」西方國家到底是何模樣，西方的宗教組織如何發展，你瞭解真正的情況嗎？而縱觀中華歷史，上下五千年，即使僅從有朝代記載的夏、商、周開始，直到現在，掰著手指都能數出中國幾個主要的朝代，而西方國家經歷過多少朝代基本上數不清楚。而且能夠長治久安延續幾百年的朝代，西方、歐洲有幾個？一直都是戰亂紛飛。

其實真正的管理學、帝王學到底在何處？是在中華，還是在西方？現在所有的企業家都一味的向西方學，但是西方在整個歷史長河中，僅僅在近兩百年左右實現了發達，而兩百年之前的一直以來，都在向中華學習，而且幾乎各個方面都是向中國學的。即便是所謂的管理學、帝王學其實也不例外，以後有機會講述中華帝王學，我再系統詳細的講一講。

此處，我們就將國富民強講透。現在的企業經歷兩三個月的疫情，就有很多面臨破產，半年、一年能支撐的更

是寥寥無幾，這是為什麼？過往平時企業運行得都很好，為何現在三個月、半年動不了工，就要破產呢？不要以為破產是理所應該，因為大家都破產了，所以自己破產也很正常，這種想法是錯誤的。真正的百年企業，之所以能夠經歷那麼多風雨而不破產，必是符合管理規則，符合帝王學，也就是符合天之道、地之規。

國富民強，對於企業主是最重要的，企業真正有利潤時，收益好、現金流穩定、儲備金充足的時期，不要總想把利潤全都發給員工，那樣絕對是不負責任的，這是一種短期行為。這個月每人發幾萬，下個月再發幾萬，經過一兩年，儲備金肯定不足，再碰到任何市場的風吹草動，或者政策一旦有變化，一旦有天災人禍，企業無法正常開工，立刻就不得不宣告破產。而真到那時候，你一直幻想的希望員工先不發工資，與企業共患難、渡難關，而現實是兩個月不發還可以，三個月再不發你試試看？即使以前企業好的時候，每個員工已經獲得了幾百萬收入，三個月不發工資還能有幾個人願意，又有幾人能夠把過往分到的錢，拿出來支援企業呢？其實不造反就已經很不錯了，這就是

最基本的人性。

不懂人性，不可以隨意亂管。還有一個重要的概念要釐清，究竟何謂國富？中華帝王學所講的國富，是要藏富於國，而非藏富於民；究竟如何才能民強？所謂民，即老百姓，即相當於企業的員工，越是富裕，帳戶餘額越多，越會拚命加班加點的工作嗎？人性是這樣嗎？其實我所講授的中華帝王學，即是告訴大家真正的人性是什麼？最基本的人性就是趨利避害、好逸惡勞，再者還有基本的人性即是飽暖思淫欲，任何人都是一樣的。

人真正富裕了，有穩定的好房子住、有好車開、一日三餐不愁，即所謂飽暖，此時會想什麼？亦即是老百姓、企業員工都有錢了，還能再去艱苦奮鬥嗎？如果沒有房貸、車貸的壓力，銀行帳戶裏還有千萬存款，此即是藏富於民。這種狀態下還能朝九晚五、按時上班，晚上加班加點嗎？老闆罵還能忍著把事情一定做好，每天小鞭子抽著還能心態非常好的完成任務嗎？那是不可能的。

其實不要說人，即便是動物，比如山中之王老虎，馴

獸師依然可以將其訓練得非常配合，如此兇猛的老虎、獅子，如果每天三十斤肉，都吃得飽飽的，老虎還能配合嗎？其實一想訓練動物，我們即可明白。實際上，人和動物沒有本質區別。如此也就可以知道，在企業中應該如何管理員工，對於國家如何管理子民了。

有人不理解說：「老師，那不是黃世仁和楊白勞嗎？不是萬惡的資本家剝削勞動人民嗎？資本家把剩餘價值全都榨乾了，然後只讓勞動人民吃口飯，都不能過上小康生活！」

我們現在探討的是帝王學的問題。不要天天只想做一個善良的好老闆，何謂善老闆？又何謂好老闆？企業賺錢了，就認為是大家一起賺的，1000 萬利潤拿出 800 萬分給員工，這就是所謂的善老闆；與民同樂，員工的日子都好了，老闆就感覺好，覺得大家為企業都能盡心盡力，我對得起大家，大家一定也會對得起我，這是好老闆所謂的仁義老闆。然而事實究竟是什麼，在此要為大家講明白，這種老闆只能稱之為小善，但是要記住這會鑄就大惡。意即是，作為企業老闆，企業的長久生存、企業的發展壯大，

才是第一重任；而不是以現有的企業員工儘早發財為首要目標。

　　企業能否長久的維持生存，同時還能不斷的發展壯大、擴大規模，才真正是企業家的第一責任和要務。比如一個千人企業，突然碰到 2020 年 1 月的新冠肺炎病毒疫情，半年後企業發不出工資，宣布破產，那意味著幾千個員工面臨失業，每一個員工後面都有一個家庭，也就是幾千個家庭面臨衣食無著，哪個家庭沒有房貸、不是負債累累，已經不僅僅是吃飯的問題，企業一旦破產，如何向員工交代？雖然在這個企業工作多年，再找工作並不好找，如此就意味著幾千個家庭被禍害。因此，平時只積小善而不懂管理、不懂帝王學，心該狠時狠不下，不顧大局、不看長遠，何以管理企業養活員工？又何以治理國家造福萬民？

　　做老闆、做帝王可不簡單，心該狠時必須得知道真正的狠是何意？其實，要想做真正的好老闆、真正的好帝王君主，就別想做所謂的好人了。想把事做好，就放下做人，一定得清楚，不要想既做善人、做仁君、大家都稱好稱道、感恩戴德，同時又能成為一個好君主、好老闆，不要癡心

妄想。必須得過了這一關，得狠下心腸去做一些事，甚至做一些大家都認為不是人的事，把利潤都賺到自己的企業、國家手中，1000 萬利潤給大家分 100 萬。雖然此時有可能都在說你這個老闆黑，都在罵你，但是你留下來的 900 萬利潤，你要很清楚做什麼用。

如果為自己揮霍了，那就是個惡君，肯定不是好老闆；如果把 900 萬利潤留作儲備金，而且年年增加企業儲備金，當碰到新冠肺炎病毒這一類疫情等不可迴避的天災時，即可放心的跟所有員工說，即使疫情半年過不去，工資也不降，保證大家的生活；哪怕一年一單生意也接不著，企業也能保證大家的生活；甚至疫情三年過不去，也可以放心，咱們儲備金充足。疫情三年基本就過去了，經歷再大的行情波動、再大的政策變化，只要活著就有機會。然而何以保證活著？記住一點，要有充足的儲備金，這是企業老闆的第一要務。保證企業無論面臨任何問題和情況時，現金流充足，如此就能屹立不倒，後來如何發展就是看機遇、看現實的努力了。這就是國富的重要性。

平時對待員工應該有感情、應該很好，但是我們僅從

訓練動物的案例中即可發現，人在什麼情況下才會真正強大、真正奮進。要時刻記著，一定是在為生存拼搏的時候，人會爆發其巨大的潛力。管理中，一定要讓員工有危機意識，而且正如不能將動物餵得太飽一樣，員工也不能過分滿足，一定要清楚這是真正企業家的哲學，也是我們中華上古聖人的智慧，傳授後世子孫如何成為真正合格的帝王。其實國富民強一詞的真義解讀，講授的已經是帝王學的內容，我所講授的內容延展性和覆蓋面比較寬廣，看似有些離散漫談，但其中很可能某一個話題突然會讓你有收益，有人可能喜歡文字、有人喜歡歷史、有人喜歡神話、有人喜歡修行，我的書中什麼都有，能夠有點啟發和受益那是最好的。

現在，我們學習了老祖宗的大智慧，就得將其用在自己身上、用在自己的家庭中、用在企業管理中，如果再有機會治理國家，也就能夠用在國家治理之上。真正懂得了這些智慧，不僅家庭受益、企業受益，自己的國家都會隨之受益，這就是我們中華老祖宗的大智慧。現在大家就應該知道，民在什麼情況下才會真正的強，一定不是養尊處

優的時候，不能使其太飽，也一定不能使其挨餓，方法其實很多，關鍵一定還要讓他們在精神上有希望。在現實中的企業裏，也不可以窮花亂造，企業賺錢之後，老闆馬上買大別墅，那也不行。真正優秀的企業，所有百年以上的企業，包括歐美的老牌企業，都有一個共同的狀態，即是資金池裏有充足的備用金。

其實家庭也是一樣，現在的人們都不攢錢，有點錢立刻買套房子，馬上買輛車，而且還要貸款提前消費，其實就是過度消費，如此家庭也會面臨破產，家庭規劃不好，也會分崩離析。不要以為夫妻二人在家裏只是愛情，正所謂貧賤夫妻百事哀，這的確是一個理，其實多少家庭都在條件好的時候過度消費，沒有充足的存款，一旦碰到問題，馬上捉襟見肘，孩子沒有學費，生病沒錢看病，房貸壓力極大，兩人能不吵架嗎？吵來吵去，認為是男人太沒能力，離婚率就越來越高。其實家庭也需要儲備金，而且儲備金是第一位，房子的大小是第二位，車的優劣更是第二位的，同時儘量不要過度消費，貸款中的二、三十年，社會發生什麼都不知道，不要過度消費，有多少錢就買多大房，其

實是最穩妥的。

家中有充足的儲備金，能夠保證任何情況下，家庭都會穩定，穩定才能長久，這即是所謂國富。對於孩子，飯來張口、衣來伸手，生活特別富裕，這樣的孩子很難勵志前行，太優越了就不想吃苦、不想冒險，而這對應的即是所謂民強。尤其，孩子吃點苦才能磨練意志，未來才有鬥志，然而父母全都準備好了，那孩子還能吃到什麼苦？天天只剩享受了。人一旦享受習慣了，當不能再享受時，就會非常難受。因此，所謂民強，無論是對企業員工，還是對家中孩子，都是一樣的，不能讓他吃太飽，即不能讓他太富足，得有鬥志，都得有拼搏的精神，當他能夠為家庭、為家族、為企業、為民族承擔責任的時候，才真正成為一個獨立的、有拼搏精神、有創造力的孩子，對於國家子民當然也是一樣，這就是民強。

因此，國富民強對於當下的企業，有著更重要的意義。正如在新冠肺炎病毒疫情期間，中國國內控制得比較好，其他國家總是出現大爆發，但一旦全世界都爆發就可能再波及中國。也就意味著中國真的可能封鎖國門，而且現在

都鎖到了社區，而封閉管理海外歸國人員，並不是短期能夠放開的。因此，在國際交流如此頻繁的當今社會，一定時期內不能進行國際交流，就會有很多的企業面臨倒閉。此時的企業以及家庭，如果沒有收入或者收入下降至很低，儲備金是否足夠，能夠存活多久，房租能交付幾個月，員工工資能支付幾個月，所有的問題很快都會出現。可能很多人會理直氣壯的表達，大家都破產了，我破產也是正常的。其實這是錯誤的看法。

此時的企業依然適用所謂「二八原則」，即 80% 破產，但一定有 20% 存活得很好。而且，真正有準備的企業家，會在危機中看見機會，大家都破產了，市場空間就釋放出來了，正是其突飛猛進的擴充市場之時。已經破產的企業、已經回家的企業家，就被別人把市場占領了。然而，究竟什麼老闆、何種企業能夠抵抗疫情、維持生存，一定是提前做好鋪墊的、有所準備的。

試想一下，如果是前文舉例，所謂仁義的、善良的老闆，平時每月、每年將利潤全都分配給員工了，現在讓員工把工資、獎金重新拿出來，支援企業共渡難關，以保障

企業不破產，有可能嗎？現在的員工，基本都認為老闆可以破產，我們自己手裏有錢，就自己去創業了。是不是這個現狀？是不是這個道理？現在都想當老闆，員工可能覺得這是他的機會，而老闆破產了根本沒有人同情。正所謂可憐之人必有可恨之處，疫情來時沒有做好準備，那在平時都做什麼了？最基本的道理難道平時不懂嗎？在此藉疫情的實例講解我們的企業應該如何生存，家庭怎麼延續，其實也涉及治理國家的智慧。

歷史上的大宋時期、明朝後期，真正國家要敗亡的時候，基本上都犯了同樣的錯誤，其實末世的國君本都是要走仁君之路，而所謂仁君之路就是當個好人。正如，中後期的大宋藏富於民，百姓都很富裕，但是國庫空虛、國家沒錢，那可真就慘了，百姓再富，真正外族入侵之時，也都是力求保住自己那點家產、田地和積蓄，無論是誰在統治，只要不把個人的財產沒收，老百姓都認。有億萬身家的富戶，還主動派兒子上戰場保國禦敵，其實是不可能的。在我們帝王學講解的時候，可以詳細列舉歷史上的真實案例，那些亡國之君是不是如此，便清晰可見。都是所謂的

仁義、善良，都秉持著藏富於民，結果最後國庫空虛，將士無人用命，甚至武器都買不起，屆時即可看到史實究竟如何。

在此我們多講了一些，而這就是六藝的一部分，都是儒學教化之道。六藝本身就包含帝王學，以及成功學，我現在相當於在前面的整體中涉獵了後續的內容，此處正在講解的是六藝之禮的重要性，夏、商、周三盛時代主要的管理和統治所應用的方法就是，禮和樂。那時有沒有憲法？是有的，當時是用《易》作憲法。而那時有沒有刑法？做了某事、犯了錯誤，如何懲罰，諸如判刑入獄等法律條例，那時並沒有具體的明文規定，只有是否符合道德規範，沒有明確的規章。類似於現在的英國法系，只需要陪審團根據當地過去的習慣，及人們日常生活中形成的公序良俗，評定判別誰是誰非以及如何懲罰，沒有明文規定，不符合陪審團是非的判別觀念就是違法，屬於判例之法，而非制定之法。

而這些在上古時期都是咱們中華的國家治理智慧。然而，在孔子之前的春秋時期，已經開始人心不古，前面的

夏、商、周用禮樂治理國家。禮經過前面的講述，大家應該能夠理解，禮是誠敬、是孝道，禮本身即是等級、界限，有了等級就有管理，管理的基礎就是等級，同時禮又是平衡之道。一個禮字，其中的深意很多。而六藝之中，第一是禮，第二就是樂，所以樂同樣有很多的深意。

第五章

六藝之樂聲音的奧祕

失傳的溝通入心之道

第一節

掌控人心的微妙法寶
聲聲入心的語言藝術

六藝之禮樂射御書數，樂即是我們所謂的音樂，而音樂是做什麼用的呢？音樂又是何時開始出現的呢？中華的音樂，包括樂器，其實上古之時就有，是直接留傳下來的，並不能確認何時開始出現，也無法知道最早的時候是什麼模樣狀態，我們只知道中華的音樂和樂器上古時就有。也就是神人的神治時期就已出現，而後直接傳承下來，比如古琴，有伏羲式、有仲尼式等等，最早時是五弦伏羲琴，後來周文王加了一根第六弦稱為文弦，周武王又加了一根第七弦稱為武弦，即為流傳至今的七弦古琴。其實，最初的正規古琴是五弦，後面經歷了很多古之聖賢的雕琢和發揚，其中仲尼式古琴就是孔子修養全面、極高審美的體現，而且我們的簫、笛等都是很早之時就有了。

音樂是根據什麼而來？音樂真正的意義又在何處？我

們現在感覺音樂就是為了娛樂，在此認真告訴大家的是，孔子、上古聖人一再教導我們，音樂不是用來娛樂的，而是用於教化的。但是，我們現在的音樂基本都是用於娛樂，即西方流行音樂的廣泛流傳都是用於娛樂，而中華的音樂並不是用來娛樂的。

有人很迷惑，「老師，音樂不用來娛樂，那用來幹什麼？音樂不是娛樂，那麼大家唱歌，音樂彈奏起來之後很興奮，難道不是娛樂嗎？」

其實不是的。娛樂僅僅是音樂最淺顯的那部分意義，中華上古之人以及我們的孔聖人，都一再告訴我們，不能把音樂當成娛樂，那樣就會成為一種奢靡、一種墮落。我們現在對音樂的看法、對音樂的理解，則截然不同。然而，音樂到底從何而來？我們有一句古話是「以詩配樂」，《詩經》中的風、雅、頌，就是三類不同的詩，同時就配著三類不同的音樂，也就是最早的音樂。我們的樂器有古琴，還有最早的骨笛，即是在骨頭上打孔，像笛子一樣吹，有豎立吹奏的後發展為簫，也有橫著吹奏的後亦稱為笛。

骨笛早在幾萬年前就有了，現在還有幾萬年前的骨笛遺跡；後來發展為用竹子打孔做成簫笛。現在出土的樂器還有殷商時期整套的編鐘，其重量接近五噸，商時的生產力狀態，能夠鑄造出大大小小五噸重的編鐘，在當時得是多麼浩大的工程，由此可見當時對演奏、對音樂的重視，而且那個時期剛剛學會冶煉出來的青銅器，比現在的黃金還昂貴，依然鑄造如此大型的編鐘，意味著我們的古人對樂非常重視。

　　因此，六藝之中禮之後即是樂，而樂也的確真的有很深的講究。孔子十分注重樂，他培養弟子、教授學生，七歲開始學習灑掃、進退、應對，讀《爾雅》學字，讀《孝經》、《論語》學習做人、做事的規矩、標準，而六藝之中八歲左右就開始學禮、學樂。現在把樂器當成輔助的學科，自願學習，不想往藝術上發展就不必學，不想做歌唱家、音樂家，很多人感覺學了也沒意義、沒有用。其實不然！孔聖人的教化之道，其中樂器的學習是非常重要的主課。

　　如此重視樂器的原因所在，在此我們詳細講述一下。

樂器發出聲音，正如我們說話也是聲音，宇宙中有各種各樣的聲音，如雷聲、風聲、雨聲、樹葉拍打聲，聲音有何重要之處？聲音是一種振動頻率，而我們感知這個世界所依靠的，甚至整個世界以及宇宙萬事萬物的形成，不外乎都是波，亦即是頻率，是一種震盪。現代量子物理學已經研究到分子、原子、電子、質子、中子，以及夸克的深度，再往下深至上帝粒子，即所謂量子的時候，發現其實根本不存在。所謂萬事萬物皆具備兩種性質，一種是粒子狀態，一種是波的狀態，但是其實粒子狀態也是波，亦即是一種頻率。其實究至最後，構成宇宙的最基本的陰、陽粒子，都不是實實在在的存在，而都是一種波，也就是一種頻率、一種能量，並不是客觀的存在。

然而，我們為何會認為宇宙萬事萬物是客觀的存在，我們為何能夠看見這些物體，如何感知這些物體的呢？全都是在大腦中的作用，在大腦中成象、在大腦中轉化為聲音。物體的樣子、形狀、顏色，其實都是視覺神經接收到外界的波即震盪頻率後，在中樞神經形成了所謂的圖像、所謂的顏色。包括聲音和接觸的感覺也是一樣，所謂的疼

並不是真疼，是震盪波在中樞神經即腦中形成的痛感。這個話題展開講內容很多，在此不能太細的講述，首先大概清楚宇宙萬事萬物緣起於頻率、波、振動即可。

我們正在講樂，而音樂本身就是宇宙的頻率、波、振動直接發出來的。有人認為音樂不外乎就是聲音，但是我們不要小看了聲音，聲音是振動、是頻率，然而不同的聲音，其振動頻率不一樣，發出去的效果就不一樣，其作用也就不一樣。

有人反駁說：「老師，您這麼說不對啊！比如我們每個人說話，不都是一樣的嗎？說的都是中國話，談論一件事的時候，大家都在說同一件事，那有什麼區別啊？不都是一樣的嗎？」

你覺得一樣，其實非常不一樣。其實只要仔細觀察就可以發現，有的人說話別人不愛聽，都不喜歡聽他說；而有的人說話，大家都非常喜歡聽，只要他開口，不管說什麼大家都喜歡聽，都覺得這個人的聲音有魅力，聲音有磁性。何謂魅力？又何謂磁性呢？就是感覺喜歡聽他說話、

喜歡聽他唱歌，只要他開口聽著就是享受，無論長相如何。而有的人，甚至是長得很漂亮的小姑娘，開口說話、唱歌，別人都不願意聽，或者很帥氣的小伙子開會發言，一副公鴨嗓子說話很難聽，甚至一聽聲音就感覺沒文化、很粗魯。為什麼會有這麼大的反差感呢？

如果從未好好研究聲音，一個人一生如何失敗的可能都不知道，或者自己怎麼成功的也不知道。真正上古時期的聖人，以及孔子的教化，對聲音的訓練是非常重要的。尤其是孩子，應該何時開始訓練聲音呢？三歲後就應該開始了。

現在的家長不懂這些，說：「老師，那就讓孩子從三歲開始就去練古琴、練吹簫、練笛子吧！」

不是的。我所講的是聲音的訓練，並不是樂器的訓練，那是兩個概念。聲音是指你所發出聲音，也就是你說話的聲音。到底會不會說話，在一個人的人生中太重要了。

有人不理解，說：「老師，哪有人不會說話啊？只是我沒有那麼多的詞彙辭藻，不能背誦那麼多詩歌，不能山

口成章的說，但是我還是會說話的啊。」

　　開口所說的內容是不是經典、是不是詩詞，其實無關緊要。這一點要清楚，就是說話的內容並不重要，最重要的是語音、語調和肢體語言。首先要練習聲音，而不是練習內容，即是要練習語音、語調，以及肢體語言，而這都是樂的一部分。樂有廣義、狹義之分，狹義的音樂是指古琴、簫笛、琵琶、古箏、鋼琴、吉他等的吹拉彈唱。廣義的樂則是指，能夠運用一切聲音，能夠操作、操縱一切聲音達到目的。一切聲音包括，說話、唱歌，還可以製造各種各樣的聲音。真正能學會掌握聲音的規律，又能運用好聲音的規律，是掌控人心的微妙法寶，但是得真正懂得，這其中的意義很深。

　　孔子教授我們的六藝，其中的樂是指廣義的音樂，即是聲音的奧祕。所以，在此就是為大家講一講聲音的奧祕，我們從小到大一直都能說話，然而能說話不代表會說話。關鍵是你會說話嗎？真正會說話的人，想做什麼都很容易能夠達成其目的；而不會說話的人，即使再努力，也很難得到別人的幫助以及認同，這其中的意義就太重大了。

究竟何謂會說話？其實就是知道聲音有其規律。聲音是震盪、頻率、波的體現，震盪亦即是振動波，這種頻率是可以突破任何空間的，不受所謂三維、四維空間的限制。我們已經知道，肉體是低維空間，即三維的存在，而我們的心是高維空間，即五維以上的存在。意即是，人與人之間的溝通，其實不是肉體概念的嘴所發出聲音，被肉體概念的耳朵聽見，即所謂口說入耳，這並不能稱之為有效溝通。

　　真正的有效溝通一定是說出的話會入心，由此可見其重要性。有的人說話只是入耳，而不入心，即所謂耳邊風一吹而過，根本沒有用。想說服人、想讓人跟隨你、想引導或影響眾生，不都是得透過聲音實現嗎？可見聲音究竟有多重要。人與人之間、人與動物之間、人與植物之間、人與宇宙之間，都是一種互動的關係，即是相互溝通的關係。然而，你真的會溝通嗎？你真正會說話嗎？這並不僅是指能說話，而是會說話，這是兩個概念。會說話則首先得知道聲音的奧祕，得知道聲音的規律、定律，得知道如何運用聲音，才能達到聲聲入心，這才是最重要的。說出

的話到底是入人耳、還是入人心，一定得清楚自己應該練什麼。

孔子講授六藝之禮樂，真正的樂其實是以聲入心之道，是可以影響別人的。人生在世有各種各樣的目標，有各種理想要實現，但其實都是在人群中經由大家共同的努力，在我這個人的帶領下，一同實現我們共同的目標，如此即可更加快速的實現。若帶動不了任何人，任憑自己去實現目標，那能實現些什麼？我們每天其實都在溝通中，溝通太重要了。接觸的所有人都要溝通，無論話多還是話少，其實每個人都有他的溝通方式，而音樂只是溝通的一種高級表現。

真正會溝通的人，不僅僅能夠透過音樂溝通，而是能夠透過口眼傳情，真正做到聲聲入心。這其中還有大奧祕、有大學問，而這就是我們三歲就應該起修的地方。

有人說：「老師，三歲不是不讓我們學習嗎？」

要清楚我所講的，知道究竟應該學習什麼。之前所講的是，三歲不要進行背誦、灌輸知識的學習，比如有的孩

子三歲就開始學習千字文，開始學習三字經、弟子規之類的，背誦唐詩宋詞，不要那樣學習，根本不知道為什麼學、為什麼背；還有很多三歲的孩子，開始學習數學，開始學習英語，為什麼要學，如果不知其中之理，就把孩子都教壞了。三歲到七歲之間的階段，不可以進行灌輸式的背誦等知識性的學習，那樣對孩子有百害而無一利。但是，現在的家長特別焦急於三歲的孩子怎麼教，認為不教孩子點什麼，孩子就要輸在起跑線上了，看著別人家的孩子學這學那，自己的孩子不知該學什麼，就如同熱鍋上的螞蟻。

在此我明確的告訴大家，三歲的孩子究竟應該學習什麼。第一學禮，禮是家教，即是要學規矩。三歲以上的孩子，不要時時事事滿足他，而要做到及時關注、延遲滿足。何謂延遲滿足？

孩子想要一個玩具，家長可以告訴他：「兒子，給你買沒有問題，但是要明天中午買。」

孩子問：「為什麼？我現在就想要！」

家長溫柔的回答：「沒有為什麼？就是要明天中午買。」

孩子可能會繼續作鬧，甚至可能打鬧，不吃飯、不睡覺。此時家長要忍住，但說好明天中午買，就得明天中午買給孩子，此即謂延遲滿足。這其中有充分的科學依據，首先了解這個結論，未來我講授中華教養學時，會認真的將西方腦神經科學、心理學、胚胎學、育兒學等等結合起來，為大家詳細講解，會把具體的心理學實驗詳細講解出來，屆時大家即可深入系統的理解，為什麼三歲以上的孩子就要開始延遲滿足了。而這個結論非常重要，要首先記好，即三歲以前的孩子要及時滿足，孩子要什麼就要給到什麼，有求必應；孩子三歲以後，家長就要開始延遲滿足，否則孩子長大以後就會成為廢材，步入社會也沒有用處，很難成功。

三歲的孩子，第二就得教其樂。一定要記住，此樂並非撫琴、吹簫、彈吉他、拉二胡，要想學習樂器，也得七歲以後，此處所講之樂是教孩子說話。

有同學疑問：「教孩子說話？孩子不到兩歲就開始會說話了啊！一歲就開始叫媽媽、爸爸，然後一點一點學，兩歲會說一句話，三歲時所有的話就都能說了。都能跟我

吵架了，怎麼還不會說話，還得教他說話呢？」

　　那只是能說話，並不是會說話。要從三歲開始，教孩子會說話。這就是咱們中華上古留傳下來的教化之道，其中非常重要的一點。首先是禮，即家教、禮規、規範；然後是樂，即會說話。是不是很有意思？能否想到這才真正謂之樂？《樂經》在民間已經失傳，在此將《樂經》的內容重現出來，有些地方大家很難理解，但是首先要聽、要明白其中有沒有道理。我也並不是在講大家不會說話、不會發聲，我所問的是大家是否真正會說話？是否知道說話有什麼要點？是否知道為什麼這位領導講話大家願意聽，而那位講話大家不喜歡聽？

　　有人回應說：「才不是呢！老師，領導說話我不愛聽，是因為開會的時候他只會念稿子，所以我就會睡覺，大家都想睡覺。所以才說領導不會說話。」

　　其實你理解錯了。在會議上的不是領導真實會說話的一面，而在會議上念稿則可能因為是有規範的，所以如果你去當領導也得念稿。然而，沒有不會說話的人能夠當上

領導的，得看他私下裏如何說話，那時才真正使用語言的藝術。所以，千萬不要瞧不起自己的領導，不要覺得領導蠢，沒有你聰明，確實有可能領導在具體業務方面不如你聰明，但是可以肯定的是領導一定比你會說話。一定要切記這一點，所謂領導會說話，即是說出話來句句入心，但是領導的話不一定入你的心，你不是他的領導而是他的下屬，所以在你面前沒有必要展現會說話的一面。但是，當他有事求你，或者需要你幹活，需要用你的時候，你再看你的領導會不會說話，幾句話就能讓你甘心情願的把自己累死，而且自己累死了你還得感激領導，沒有任何怨言。再仔細觀察一下自己的領導怎麼對他的領導說話，這些領導們在一起時，那才真正可以稱為語言的藝術。

多少人一生努力奮鬥卻不成功，為什麼？重點大學畢業、業務能力極強、專業技術大拿，但卻總是當不了官、做不了領導，永遠都讓他幹活，卻不讓他當官。在此告訴你真正的原因，就是因為只會幹活而不會說話。反觀所有有成就之人，包括某些大型企業老闆，可能小學都沒畢業，簽字都不會，總是按手印，但是不要看他的文憑，而要好

好觀察他如何說話。

　　會說話者不在話多。滔滔不絕、不斷表現的人，不一定是會說話，有可能適得其反，使人反感。語言是一門藝術，語言的藝術也就是我們現在講授的課題，即六藝之樂。

第二節
樂是玄學語言最高境界
言為心聲身體皆會說話

語言的藝術亦可稱為聲音的奧祕。在此告訴大家聲音的奧祕，其中的學問就在《鬼谷子》一書中，是春秋戰國時期的謀聖鬼谷子傳下來的。

有人說：「老師，鬼谷子不是陰陽學、算卦算命、奇門遁甲、梅花易數的起創者嗎？那些不都是玄學嗎？」

是的，聲音的奧祕就是玄學當中的一部分，而不是顯學部分，也可以稱為語言的藝術。因為聲音的奧祕不離陰陽五行，不離八卦，一是聲音，一是語言，必須通透的掌握五行，才真正能夠掌握聲音的奧祕、聲音的規律，而後才能真正懂得運用，亦即是語言的藝術。人的一生要想成功，沒有自己一人就能成功的，一定是眾人拾柴火焰高，越大的成功，越需要更多的人幫助，然而如何獲得眾人的幫助呢？就要依靠語言的藝術，這是非常實用的學問。古

之聖人傳予我們的道、教授我們的經典，沒有任何虛的，全都是實實在在、學以致用的、經邦濟世之學。

聖人的一套教化之道，可以分為三部分，即顯學部分、玄學部分和心法部分，這三部分缺一不可。顯學是我們必須掌握的理，是方向；玄學部分就是如何具體用，必須得步步到位、精確、準確、徹底；心法部分則是總綱，任何理法歸根結底都是心量大事，心法修好了，那些術就可以放下了。所以，儒學真正學到高處就是一套心法，佛學學到高處也是一套心法，道法學到高處也是一套心法，這就是所謂不二法門，其實都是那一套心法。但是，這個理並不是簡單的理解為直接從心法起修，天天修心就行的。

心怎麼修？必須還得把顯學和玄學應用好，即心法又要從術中起修，術越修越熟練，包括顯學和玄學都越修越熟練，再來驗證心法，在術中不斷的強化和學習心法。心法真正通透以後，術就可以放下了，而且到那時，所有的術皆能信手拈來、隨意使用。

六藝其實就是在教授我們顯學、玄學以及心法，因此

樣樣都會落到實處，對現實都具有極為強大的作用和意義。講解至此，大家應該理解了究竟何謂樂，不僅僅是音樂彈奏，即狹義的樂，而是指廣義的樂，孔聖人教導我們學習的樂這套學問，即聲音的奧祕、語言的藝術，是從孩子三歲開始起修。

有同學著急了，說：「老師，我現在已經三十歲了，我現在修可不可以啊？」

也是可以的。先天不足，可以後天彌補，但是後天補的，的確不如先天就起修的。因此，三歲到七歲這個階段，就是學習語言的藝術、聲音的奧祕的最佳時期。已經三十歲了，修習可以改變，但是不能徹底，其實無論已經三十歲還是六十歲，只要開始學習語言的藝術，就一定有益。

有人一時尚未理解，「老師，語言的藝術，您講的聲音，也就是我們說話，這怎麼學，又有什麼可學的呢？」

這裏面的學問可大了，說話如何能夠既入耳又入心。我們現在說話只能稱之為入耳，而我們在學習聲音的奧祕和語言的藝術時，其實都有一個目標，即聲聲入心。然而

問題在於聲音如何能夠入心？這個問題非常重要。

　　歷史上有用聲音入心的實例沒有？大家都知道的希特勒，二十歲時還是維也納街頭賣畫行乞的流浪漢，一戰時作為士兵，作戰英勇兩次獲得鐵十字勳章，被稱為戰鬥英雄，因化學武器攻擊而失明。然後如何？雖然作為偵查員，希特勒卻加入了德國工人黨，並逐步領導其成立納粹黨，開始四處演講。希特勒極具演講才能，但現在已經看不到太多資料了。

　　一戰之後德國經濟崩潰，希特勒帶領德國納粹黨，三年時間就把整個德國經濟重振起來，名列世界前茅，從而可以發動戰爭。希特勒就是依靠一張嘴，其演講感染力之強，從此實際案例可見一斑，一個美國記者，本是敵對方派去聽他演講找漏洞，以便對其進行反宣傳。然而，這個記者現場聽了演講後，徹底忘了自己為什麼而來，恨不得自己都拿起槍上戰場去消滅猶太人。如此是不是就是入心了？而希特勒就像瘋子似的，是如何入心的呢？德國人多麼理性，至今德意志民族都是最理性的民族，為何頭腦全都發熱了？二戰殺了全世界幾千萬人，全都成魔了，到底

是怎麼回事？其實這就是語言的藝術。

我們不講反面的典型，那我們查一查資料，聽一聽中國毛澤東主席講話，再看一看周恩來總理，雖然都不太會講普通話，但是可以感受到他們講話的魅力所在。語言的藝術不僅僅是發聲，發聲只是一部分，還有肢體語言，也是語言中更重要的部分，這些都要練習。所謂人與人的溝通，西方有心理學實驗，為我們提供資料證明，人與人之間的溝通分為三部分，第一部分為語言的內容，即溝通的內容；第二部分為溝通時候的語音語調；第三部分為溝通時候的肢體語言，包括眼神以及形體、肢體的語言。

而這三部分在有效溝通中所占的比例，一般會認為溝通內容是最重要的，其次是語音語調，第三才是肢體語言。由於不在乎肢體語言，也就看不見所謂肢體語言。但是在此我要告訴大家的是，我們一般的認為恰恰反了，有效溝通中三部分所占的比重，語言的內容僅占有效溝通比重的7%，語音語調占有效溝通比重的38%，兩者相加所占的比例都不到一半，科學實驗表明，人與人之間的有效溝通，肢體語言所占的比重最高，為55%。這個結論是不是感覺

有些顛覆？而在肢體語言當中，所占比重最大的是眼神，而後是手勢，以及整個身體的狀態、細微的動作，這些被稱為微語言，亦即是肢體語言，在我們的有效溝通中，真正占比最大。

我們現在要學習語言的藝術、溝通的藝術，即是六藝之中的樂，首先在溝通中，一定要記住如何才能入心，而不是入耳，入心的才能稱之為有效溝通。因此一定要清楚，人與人之間的有效溝通中，肢體語言所占比重最大，正所謂我們的眼睛會說話，此時無聲勝有聲。這些俗語古詞就是告訴我們，學會用眼睛表達，學會用眼睛說話，就成功了一半。然後再用手勢配合眼神，話不在多，潤物細無聲，沒有幾句話但已經入心。為何會如此？因為眼神之中、手勢當中，即肢體語言，已經表達出了全部，而任何的話語說出來都是蒼白的。

學會用眼睛說話。雖然你現在已經三十歲，甚至五十歲了，但是會用眼睛說話嗎？用眼睛說話可不是拋媚眼，而是指喜怒哀樂都能從你的眼中表現出來、流露出來，你對人是否有信心，是否信任別人，也都能從你的眼睛中表

現出來，而這些都不是用話語去表現。

有人聽不太明白，疑問道：「老師，您不是在講聲音的奧祕嗎？不是在講語言的藝術嗎？」

是的。有些東西稱為言外之音，那才是真正的入心之道。並不是任何溝通，一定都是透過聲音、語言說出來才能入心，這麼認為是不對的。話說出來時已經落入下乘，說出來的僅是入耳，我們現在講的是如何入心。還是以希特勒為例，他在演講之時，所說的話一點邏輯都沒有，感覺東扯一句、西拉一句，不知道他到底是在說什麼，給人的感覺就是一個瘋子在胡言亂語，但是他的眼神、他的目光、他的手勢，大有學問。

仔細觀察即可發現，希特勒演講的時候，都是堅定的目光和手勢，話並不多，好好研究一下如果將他的話落於文字成稿，會發現是驢唇不對馬嘴，根本沒有邏輯性，東拉西扯不知所云。但是人就會被他的演講所吸引，其實就是被其豐富的肢體語言、堅定的眼神所吸引，根本不用聽他說的話，就已經信他了，就會堅定的跟隨他走，就會覺

得這就是領袖。仔細感受一下就能發現是不是這麼回事，而這就是語言的力量。

　　語言的力量，反而不是體現在說出的話語之上，而是要先練好肢體語言，從眼睛開始練，而後練手勢。但是具體如何練，在此無法細講，還是先給大家一個框架、一個方向，其實不是不能講細緻，不是沒有更細緻入微的講解內容，而是因為很多真東西都須口傳心授，即是得當面傳，所以僅憑書籍無法傳授。真正要練，必須得手把手的教，在此只能把理先給大家講清楚，理一旦清楚，真正有緣之人，我們就能見面，屆時想學哪一部分，我就教哪一部分，一教即會很是簡單。

　　何謂練眼睛？眼睛本就是心靈的窗戶，眼睛是會說話的。不要以為眼睛就是看事物，其實眼睛的作用之大難以想像，要知道真正有效溝通的第一要務就在於眼睛。這又是何道理？難道溝通的首要渠道不是聆聽聲音嗎？還有一組數據，即是關於人體接收信息量的數據，人的五識接受整個宇宙的資訊，也是有比重的。五識，即眼、耳、鼻、舌、身，我之前的書中最早講授的就是吾字，吾即是五個口，

意即是五個對外溝通的視窗，接受外界的資訊、宇宙的訊息。我們透過眼睛可以看，即眼識；透過耳朵可以聽到整個世界的訊息；透過鼻子我們可以嗅到氣味；透過嘴中的舌頭可以嘗到味道，吃飯時都有味道，嘗到味道可以跟宇宙接通資訊；我們整個的身體也都可以觸摸、觸碰，觸覺也是一識，即謂身識，這些都是與宇宙溝通訊息的視窗。

我們透過五識感知世界，也是有比重的。而眼、耳、鼻、舌、身，哪一識感知世界、吸收世界的資訊量最大？哪一識最小？在此再告訴大家一組數據，要記住，透過視覺接收的資訊，占所有信息量的 75%；而透過聽覺吸收的整個宇宙的訊息，占所有信息量的 15%，如此兩者已經占比 90%；剩餘 10%，就是鼻、舌、身三識接收的宇宙資訊量，一共僅占 10%。記住這三個數字，視覺占 75%，聽覺占 15%，其他的嗅覺、味覺、觸覺只占 10%，知道這個數據之後，就能知道有效溝通建立在什麼基礎之上，能明白為什麼肢體語言占有效溝通的比重是 55%。別人看到你，不需要你說話，開始看你時一切的溝通就已經開始了。

我們跟一個陌生人見面，三十秒之內基本上已經可以

對這個人下個定義了，而這個定義基本上一輩子都不會變。而一眼看到這個人就覺得討厭、反感，後來透過再接觸，發現這個人還挺好的，又開始喜歡，基本上這種改變的機率大概不超過 20%。亦即是，陌生人第一次見面，三十秒之內，兩人不一定說話，甚至根本沒聽見對方的聲音，沒有說話，此時是好感、還是討厭其實就已經出現了，甚至三十秒就已經下結論了，而且這個結論一生 80% 的可能性是不會改變的。因此，見面的第一印象太重要了。

而初次見面就會下結論，這個人到底好與不好、好人壞人、善不善良、有沒有能力、可交不可交、想不想跟他說話，其實已經確定了。然而，這三十秒內，究竟是依據什麼確定的？眼神、身姿、手勢、站立的狀態，就是透過肢體語言。其實大家一見面眼睛都在看，上下打量，內心中已經確定下來，所以真正的有效的溝通，就在第一次見面時的那三十秒，太重要了。而且以後再想改變這三十秒的印象非常之難，所以三歲的孩子就要開始練習語言的藝術。

有人問：「老師，您不是在講，要練習聲音的樂嗎？」

其實，廣義的樂可不僅僅是指聲音。

還不理解，「老師，樂不僅僅是聲音？就像有人彈古琴，不得聽見他彈奏以後，才知道他彈得怎麼樣啊？那大師彈出來聲音就是不一樣啊！」

其實不然。一個人古琴彈得怎麼樣，絕不是聽見他彈出來的聲音以後，才有評價的，而是在此人尚未彈奏之前，就已經定下了感受。這是何時定下的？三十秒，琴一擺，人一坐，出場尚未開始彈奏之時，整個氣場、整體狀態、肢體語言就表現出來了，真正的大師還沒開始彈，聽眾就已經折服了。絕不是彈奏以後，聽了半天才感覺原來這是位大師，而是眼睛先決定了這個人是不是大師，然後才是耳朵，大師本自都有大師的樣子。

有人好像很聰明的說：「老師，大師的樣子！那我就練這個樣子，不會彈琴也就成大師了！」那更是錯的。大師的樣子如何而來？是在千錘百煉的彈琴練習中，練出來的自己的風格。

言為心聲，要記住這個言字，不僅僅是指語言發出的

聲音，而是整個身體都在說話，眼睛可以說話，肢體也在說話。要學會用眼睛、用肢體說話，不要只是練習如何開口說話，市面上很多演講培訓班，只是練習表達、練習姿勢、練習手勢，教人應該怎麼擺造型，這樣都是僵硬的，還在練習話術如何表達、如何滔滔不絕、如何動人等等，所練的都不能稱之為語言。

語言的最高境界就是樂，而且真正的最高境界的不是用嘴表達出來的，不是用嘴說話所表達的，而是用琴聲表達內心那種豐富的、澎湃的熱情，用簫聲表達那種悲涼、那種激憤。最高境界就是用音樂的形式表達，而不是用話語，這一定要清楚。語言包括了整體的、所有的溝通，真正的琴聖簫神，現實與他接觸，人話不多，但感情極其豐富。如何知道他感情豐富呢？只需聽他吹奏一首簫曲，立刻就知道這個人的內心非常豐富，這就是所謂練內功。不要去練那些表面的所謂演講，練習站在台上如何激情澎湃，都不是發自內心的練了又有何用？

第三節

禮樂學以致用連接上古智慧
經歷實證信仰復興中華文明

　　這就是孔子六藝。孩子七歲送到小學，孔子是如何教授的？又所教者何人？即是透過禮，調整內心和態度，教授守中之道，如何能夠不偏激；然後再教授孝道，這是入世修行的第一基礎，教授等級、序列，這也是管理最基本的根基，一個禮延伸出來就教授了很多。而當內心調整好以後，必體現於行，即必會體現在外面，然後就開始教授樂，樂教的是什麼，現在大家應該有點感覺了，隨後還要講授其規律，以及如何運用這些規律，在現實中如何應用即可見效。

　　一為禮，二為樂，學之即用，用即見效。禮就是心態，把握好自己的心態，以前看不起老闆，覺得老闆只是有幾個臭錢，總是這種心態，根本沒有誠和敬，即使見面對老闆行禮，也是皮笑肉不笑。老闆肯定能感受到你對他的不

屑，你還希望老闆提拔、多發獎金，憑什麼呢？對父親、母親的孝，在外即體現於忠，何謂忠？為誰工作，在哪位老闆提供的平臺工作，那就是我們的衣食父母，得發自內心對其有誠、有敬，這就是孝於外的體現。真正學好了內心的誠敬，不用單獨學行，即外在的行禮，心一變，第二天再見到老闆時就會呈現一種狀態，一定與以前的你不一樣，老闆一定能夠感受到你對他的誠和敬，他就會被感動，這就是真正的禮，即學禮之後，立刻會在現實中呈現見效。

　　學樂之後收穫會更大，就成為會說話的人了，學會了語言的藝術，即是與人溝通的藝術，這是情商最直接的表現。上學的考試時使用的是智商，工作以後體現的則是情商，步入社會後其實不論畢業的學校、上學時是學霸還是學渣，都不重要，工作崗位上就是與人合作，呈現出的是情商、是境界，直接決定能否成功。所以，認真的學習一下樂，現實中再看有沒有功用，而樂所涉及的內容太多了，書中只能挑選重點為大家講解，而我儘量將其中幽深的奧祕，想辦法用淺顯的語言表達出來，讓大家能夠聽懂，能夠理解，其實並不容易，大家能聽懂多少就是多少。

真正的修行不是天天打坐，而是現實生活中經歷無數磨難，如此我才能講出這些智慧大道。細心的同學會發現，我所講的沒有多少是其他書上類似講過的，沒有多少是學校培訓中有的，但同時又全是經典書本上的體現。正所謂讀萬卷書不如行萬里路，行萬里路不如閱人無數，我的《明公啟示錄：靈界真相》中，都是我真實的經歷，其實才寫出了很少的一點，真的不容易，不要以為這位老師天天只是讀書、背書，那沒有多大的用處，也不可能理解得那麼深。我所有的領悟都是經歷得來的，現在大家感覺我講的真好，東西方學問都博學精深，其實這些都僅僅是顯學的部分，真正涉及到玄學部分的時候，才是真東西。玄學之中所謂的斬妖除魔，面對的都是妖魔鬼怪。

有人馬上提出質疑：「老師，哪有妖啊？世上根本沒有鬼妖？」

不要以為現在所學的就只是現實中的，現實僅是在低維度空間中，當然沒有妖了。不進入高維的領域，怎麼可能通神？又怎麼可能通靈？所有世間萬事萬物的根，都在高維領域，如果不能與高維度連接，就不可能知道現實中

一切的根源。進入不了高維度，看不見高維領域的東西，亦即是開不了天眼，就根本入不了門，僅在現實中的低維度再研究也沒有用。

在此跟大家講一點實話，高維度中有沒有妖魔，現實中雖然看不見，但所有高維度中的那些妖魔鬼怪，在現實中就呈現為那些災害、障礙，就呈現為害你的人。體現於現實中的低維空間，不會是一個大鬼、大妖站在人的面前，那不可能，如果出現了那一定是人裝扮的、一定是假的。但是，現實中的障礙、與你作對的人、現實災害的根源，到高維度的精神領域查看，呈現的就是妖魔鬼怪的形式，要想解決現實中的問題，就得開天眼，進入高維領域，看到並與這些妖魔鬼怪溝通，才能處理。

這亦是孔聖人傳授我們的玄學。而玄學的入門，即是前書《中華文明真相・占卜之用》中我所講授的《易經》的入門，是真正的天道。所謂天之道、地之規，中通人事，如果對國學真正感興趣，我們一點一點的講，透過讀我的國學系列書籍，雖然能否解決現實中的困惑、解除現實中的痛苦，並不好確認，但是有一點一定可以做到，就是能

為你打開一扇窗重新看世界，能夠使你看得更清楚、看得更深遠。現在的你以為世界已經都看到了，其實你就是在一個封閉的房間中，以為整個世界全都在這裏，都是在解決這個房間裏發生的一切，有幸福、有開心、有痛苦、有困惑，但是當為你打開一扇窗，讓你能夠看到原來外面有更廣闊的世界，原來這個房間裏所發生一切的根源是在外面，那才是根，房間裏只是現實的呈現，要想解決現實中房間裏的困惑、痛苦，必須得在窗戶外面的世界中找到根，把根上的問題解決了，現實中房間裏的問題立刻就能相應解決。

所以孔子在其《易經・繫辭》中告訴我們，「形而上者謂之道，形而下者謂之器」。道就是根源、本質，孔子即是為我們打開了這扇窗，然後告訴我們這扇窗外的世界即是所謂形而上，形而上者謂之道。所有的真諦、所有的真實規律、所有的根源、所有的本質，都在窗外，在這個房間裏我的眼睛所見的、我能感知到的所有事，就是所謂形而下，形而下者謂之器，即為成形了的器。

孔子在其《易經》十翼之中，將天地講得很清楚，天

其實就是指我們見不到的窗外的天，地就是指現實世界的房間中的一切。我進行的所有講解和解讀，無論鬼神、仙佛、妖魔都有，但是沒有任何一樣，是超越孔子講授的範圍或者不是任何古之聖人所講，我著書立說、講經授課的準則，就是句句不離聖人之道，句句不離聖人經典。我講的任何一句話，都能在聖人的經典中找到出處。

我們中華文明的國學大智慧，方方面面，無論玄學、陰陽學、管理學、帝王學、中華武功等等，真的都非常有意思。我們先祖的智慧都是同一脈絡，不管學什麼，學的其實都是一套體系，因為這就是我們上古的聖人為我們傳下來的智慧，是一個整體，而不是碎片。而西方的文化文明是邏輯路線，其思維模式本就是邏輯性的，所以各個領域都是碎片性的，沒有整體性。西方的文藝就是文藝，心理就是心理，軍事就是軍事，科學是科學，神學是神學，信仰是信仰，方方面面互不相干，基本上很難有相互聯繫。因此東西方的文明和文化，起源之根就不一樣，基本完全對立。

如此就涉及文明和文化的緣起，前書《中華文明真相‧

語言與信仰》中已經講過緣起於最基本的信仰。中華民族文明的三大最根本的信仰，一是無神俱靈，二是敬天，三是法祖。而這三大基本信仰與西方主流的信仰，基本完全對立，中華最根本的第一信仰是無神俱靈論，而西方信仰是一神論，即是只有唯一的神；中華的文明智慧講究敬天，我們與宇宙萬事萬物和諧共生，不會破壞宇宙事物、破壞宇宙之形，來不斷的滿足我們的欲望，以方便我們自己。

　　中華文明延續發展上下五千年，從上古到現在，我們一直嚴格的遵循著這個最基本的信仰，但是西方不一樣，西方的文化和文明為了自己方便，是可以破壞大自然的，是不管不顧的，不要以為現在西方天天喊著保護生態環境的口號，實際上保護動物、植物，保護生態環境，才喊了區區幾十年，但是我們地球的生態環境，為何不適合人類居住了呢？動物和植物都是怎麼滅絕的？其實不還都是緣起於西方的工業革命，人為了自己感官的享受、為了自己的方便，讓地球進入所謂的工業化發展的時期，而後又進入所謂科學、科技發展的時期，根本不顧整個地球的生態，不顧動植物的滅絕，於是地球才變成現在的樣子。

現在反而向中國人宣傳保護生態環境，強調保護動植物，中國人、中華文明文化引領世界幾千年，甚至上萬年，我們也並沒有把地球破壞成現在的樣子，西方憑藉什麼對中國人講保護生態？中國人最講究敬天，最講究的就是與自然萬物皆能和諧共生。從大禹時期就有記載，大禹治水時在山川大河之間留下了很多遺跡，問題是現在的人們都不認識這些遺跡。為什麼不認識？工程的遺跡怎能看不出來呢？其實舉個實例，如果無人對你講，都江堰是兩千五百年前中華人為的工程，如果不是因為都江堰在四川境內發揮了長久巨大的作用，人盡皆知那是人為的水利工程，僅是直接到達都江堰而沒有當地人介紹，也肯定會不認識。

都江堰，只需看寶瓶口，那是戰國時期秦國蜀郡太守李冰父子，用時四十九年把山鑿開，形成了寶瓶口，由此岷江分出了內江與外江，從而既可以分洪減災，又可以引水灌溉。而且李冰父子的做法，根本不會破壞大自然，而是順其山勢而為，包括分水魚嘴、分水堰大壩的修築也不是像現在一樣，修一個大水泥塊把水徹底擋住，用堵塞或

排放調節水利，而完全都是順勢，順江水大小之勢自然形成所謂的「四六分水」。此處所講的意思是，如果沒有這些歷史記載和傳說，陌生人又不知道都江堰是人為工程，初到四川成都的都江堰景區，就只會觀賞山河大地的自然景色，根本看不出是人為的水利工程，基本融合在大自然之中。然而，都江堰水利工程的作用非常了不得，現在我們如何讚嘆都不為過，其神奇程度堪比長城、金字塔，是人類歷史的一大奇蹟。

其實，都江堰才是真正偉大的奇蹟。金字塔是人類奇蹟我們承認，而金字塔到底是人建的，還是史前的神建的，我們現在都不得而知，但是金字塔到底如何使用，現在還有什麼作用，也根本不知道。長城我們只知道是抵禦北方匈奴、突厥的入侵，其實長城基本上就是中華有效土地和無效土地的分割線，為什麼在那個經緯度位置建設長城，其實就是一條分界線，中華古人太聰明了，在這條線即長城以內就適合人居住，也適合耕種，而長城以外就不適合耕種、不適合人居住了。因此，長城不僅是抵禦作用，同時也是一道圍牆和界線，人們都可以知道不再到長城以外

去，也不要去改變長城內外的生態。

長城以外的地理緯度，其氣候、降雨、土壤等條件，本就只適合大草原，而不適合耕種，也不適合種樹，因此就不適合人類群居。如果一定要在長城以北耕種，就把草原的草皮毀掉了，即使能夠開始種糧，也會出現沙漠化，不一定種得好糧食，反而失去了遼闊的草原。所以長城西北只適合遊牧民族，在那裏散居、遊牧，並不適合農耕，而中華自古以來就是農耕文明，所以建一座長城告訴大家，就別出去了，長城以內才是咱們華夏子孫繁衍生息的地方，因此中華老祖宗就在那裏建了一道牆。

所以，長城對於現在的社會發展階段，其實意義也不是很大。如此，逐一觀察幾大文明遺留的奇蹟，現在有哪個還能實用？尤其是西方，還有能實用的古代遺跡嗎？金字塔是世界七大奇蹟之一，但是現在如何使用？立在沙漠之中只知其神奇，不知有何用又有什麼意義。

但是，都江堰我們都知道，真正是我們中國人親自建造出來的，而且自從建成的那一天，就開始起作用，一直

到現在依然在造福萬民。甚至只要我們按照古人那套簡單的方法，每年治理和維護，基本上萬年、十萬年都會一直發揮其作用。都江堰將我們的四川盆地，從一片澤國改變成了天府之國，四川巴蜀是可以獨立建國的，其作用及貢獻之大不可估量，僅此一處水利工程就決定了整個四川盆地的沃野千里。這麼一個都江堰直接把澤地變成了糧倉，這就是我們祖先的智慧，就是敬天文明最直接的體現。

法祖，即真正的孝道文化，尊重並延續、繼承著我們中華祖先的文化文明。在經典中學習祖先的智慧，將祖先看得如此之重，承認自古一脈相承，崇拜並繼承著偉大的上古祖先，這樣的文化和文明只有中華有，即謂之法祖。而西方並不看重祖先，只是信奉上帝，對祖先是持否定態度的，甚至師生、師徒之間都是相互否定，而且西方的科學，也是不斷的在學生否定老師、後輩否定前輩之理論和方法中前行，西方一直以來就是這種發展方式。而我們中華自古以來不僅不否認，而且是全盤接納，但是今天我們對於法祖這一重要信仰，也做不到了。無神俱靈論已經徹底的摒棄、毀掉了。

現在中國這幾代人講的都是唯物主義。但是大家要清楚，唯物主義和我們所講的無神論完全不是一回事。唯物主義的無神意思是人死如燈滅，也不相信有靈的存在，所謂的萬物只是可見之物，由此而稱為唯物。不可見的靈魂、心靈，甚至包括意識，唯物主義都不信。只信可見的，即所謂眼見為實，肉體消滅了就是消滅了、沒有了，此即人死如燈滅。中華祖先的基本信仰是無神俱靈論，而現在的中國人卻根本不相信有靈，不僅認為我們沒有神、沒有上帝、沒有造物主，同時萬事萬物皆有靈也不相信。

　　上古智慧告訴我們宇宙其實分為兩部分，一部分是形而上，一部分是形而下。而現在我們所謂的唯物主義無神論，基本上不相信、不承認有形而上，只相信有形而下的、有形的世界。所謂「形而上者謂之道，形而下者謂之器」，到了器的程度，即如同一個器皿一樣已經成形，有其時間、空間的特性。任何器皿既有空間，同時器皿一旦形成，又有其時間的延續性，同時具備了時空的概念，那就是有形世界了。唯物主義只相信有形世界，根本不相信形而上的、無形的、沒有時間和空間概念的、精神領域的那套存在，

所以根本不信有靈，更不用談有神了。

然而，所有人類不管頭腦中是否知道，但是心中都記得宇宙分為兩部分，不僅有現實世界，而且有精神領域，亦即有靈的存在，而且那就是我們整個生命的歸宿和寄託，是真實的存在。現實中的形，只是形而上的精神領域的投射而已。

低維度即是現實的三維空間，低維度空間的一切都是高維度的投射。而低維度反而根本就不是真實的存在，只是投射，是影子。幾千年前的上古經典中，聖人的智慧其實一再告訴我們，不要把現實中的一切當真，包括我們的身體。如果把現實世界當真、把自己的身體當真、把所謂的情感、把所謂的現實中的各種關係都當真，就會迷失在物欲之中。在現實生活中尋找任何事物的本質和根源，永遠都找不到，因為看到的永遠都是現象，看到的永遠都是表，但永遠都看不到裏，亦即永遠都看不到本質、看不到真實的內涵、看不到淵源，因為根本不知道還有一個形而上的世界存在。

然而，現在的唯物主義與我們基本的原始信仰，即無神俱靈論完全不是一回事，千萬不要混為一談。現在我們中國人基本上已經不信靈了，不相信萬物皆有靈，認為那是封建迷信，是騙人的，也就是我們已經把形而上的部分，即整個世界最主要的組成部分，完全、徹底的隔絕了。那一部分即謂天道，亦即是所謂的天，所以我們現在每個人都在找天。人人都知道有天道在，有形而上的世界存在，那是我們世界的根源，其實每個人都知道，但是我們受到的教育又告訴我們沒有那一部分，所以當我們得知時，就是一個個的矛盾、衝突所在。

　　每個人的內心深處都知道有一個根源處，萬物之靈都在那裏，肉體的靈也在那裏，同時決定著我的肉體，主宰著我的命運、我的生命、我的財富、我的一切情感、一切喜怒哀樂，所謂主宰者都是形而上世界中的靈。其實我們都知道有靈的存在，但現實中受到的教育卻告訴我們沒有，於是在我們內心中造成了巨大的衝突，使我們的心和腦不斷分裂，這就是我們陷入痛苦的根源。比較一下就能知道，現在的中國人真的極其痛苦，看上去很快樂其實完全是表

面，都處於撕裂的狀態，即心和腦撕裂了。

當我們真的迷失在現實世界，迷失在低維度空間的時候，人就不能稱之為人了，就不斷的向著畜生、餓鬼、地獄墮落，最終就墮落向了魔道。我們的心完全知道有形而上的世界，那才是作為人要不斷向上昇華的方向，而我的腦卻告訴我沒有那個世界，只能相信眼前，相信眼見的一切才是真的，我們接受的教育與中華祖先的大智慧基本上背道而馳。我們痛苦的根源，即是由於心和腦不斷的撕裂、分裂，沒有歸屬感、沒有安全感，這一生為人不知道是為什麼，人死如燈滅，什麼都沒有了，我在宇宙中只是電光火石的一閃而過，就像一顆流星劃過，過去了就沒有痕跡了。

現在的人為什麼這麼痛苦？漢唐、大宋時期的人，幸福指數卻那麼高。有人問：「老師，您怎麼知道漢唐時候的幸福指數高呢？」怎麼能不知道呢？從那個時期的文學作品即可看出，大唐時人人都是詩人，閒暇無事隨口即能吟出一首詩，而且都是抒發情感的詠詩。

但現在都是憂鬱的、悲情的人成為詩人，以前的詩詞歌賦，可不僅僅是悲，《詩經》是最早的詩歌總集，其中的詩是悲情嗎？都是描述宇宙自然的美好，人與人之間的愛情、親情，都用那麼優美的語言描繪出來，那種境界無比的深遠高雅。《詩經》是孔子十五國採風，在民間把這些詩歌採集起來的，並不只是到有知識、有文化的貴族中搜集，而是在民間採集，真正的《詩經》都是從民間而來，也就是春秋時期的普通老百姓，都能吟誦出一部《詩經》。其實都是上古直接傳下來，散落流傳於民間的上古篇章。

到大漢之時就是豪邁，劉邦的《大風歌》，「大風起兮雲飛揚，威加海內兮歸故鄉，安得猛士兮守四方。」感受到的就是大漢的豪邁、大漢的鐵血。到大唐的時候，唐詩的優美、抒情，可不僅是悲情。再到大宋的宋詞，就有點變了，悲情就開始多了，飽含著激憤、慷慨、熱烈、悲情，宋詞多是男女之間的悲歡離合，而且是歡少悲多、合少離多。等到元曲時再看，基本沒有喜劇，都是悲情慘劇。看著一步一步的走向悲情是從文化上的表達，其實就已經一步一步的衰落了。

現在我們還有詩嗎？現在所謂的詩人寫的詩，多是無病呻吟，哪還有內涵，哪還有我們老祖宗這套智慧高遠，哪還有中華文化的源遠流長？我們的三大民族基本信仰為何都徹底沒有了？這是多麼大的悲哀啊！如果我們這一代中國人再不能夠奮起，不能與我們中華的上古文明文化重新建立連接，中華文明、文化以及智慧，就將在我們這一代手中徹底毀滅，因此這一代中國人將會起到非常重要的、承上啟下的作用。

　　這份使命實在是太重要了，這也是我著書講解國學大智慧的意義所在，我們都有責任喚醒國人重新認識中華的上古文明，重新真正再將祖先的智慧復興起來，由我們重新連接起來，這就是我們這一代人的使命。

第六章

大智慧起修象數理占
以樂禮教和體制超前

第一節

中華三大信仰代表天地人
中華文明象數派講究實用

　　我們在《中華文明真相》解密了中華文字後，開始從嶄新的角度深入挖掘中華上古時期的祖先大智慧，上古教育體系、教化之道。我們從文明起源、語言文字、祭祀之心、孝禮信仰，以及我們的萬經之首《易經》一步一步講起，現在講到聖人的教化之道，也就是大漢大唐時期培養精英的制度，都是在講精英之道。

　　我們現在將孩子喻為祖國的花朵，稱之為祖國的未來，而我們這一代人，甚至我們的父輩、祖輩都已經被毀掉了，從清末到現在中華整體的教育都非常失敗，已經持續了二百年，到我們現在這一代，已經看不懂經典，甚至已經不知道經典的名字了。現在的中國人，還有幾人能夠知道四書五經到底是哪幾部經典，更不必說儒學十三經中每部經典的內容，以及先秦時期諸子百家的經典內容了，非常

悲哀，中華之文明何在！

　　中華文明、中華的基本信仰，所謂無神俱靈論，大家一定要清楚，首先承認俱靈的存在，也就是有形而上的世界存在，那是根源；而且靈與靈之間是平等的，可以相互溝通，互動調整，這是中華這套智慧體系最根本的觀念和理論基礎，如果沒有這個信仰，之後的易、占卜、孝道文化，包括中華的兵法、武功、玄學、奇門遁甲、風水學、醫學則全都不存在。中華智慧的各個領域，其發展過程，及其神奇結果，都建立在最基本的三大信仰基礎之上。而其中最重要的就是無神俱靈論，如果不認可或不知道無神俱靈論，國學就無法入門，也不可能研究風水、中醫、玄學、更無法理解和學習所謂的斬妖除魔、經邦濟世、陰陽學、玄學、奇門遁甲、太乙神數、六壬神課。

　　所有這些都是有理論基礎的，即三大基本信仰，第一信仰代表天，代表天道，就是「無神俱靈論」，知道天道有其規則、規矩；第二信仰為「敬天」，代表地之規，指現實中我們和宇宙自然和諧共生，這個天代表大自然、即地之規；第三信仰為「法祖」，即指中通人事。三大信仰

其實就代表著天地人，萬事萬物不離三才、不離陰陽、不離四象、不離五行，五行繼續延伸則為八卦，八卦相疊延伸為六十四卦。至六十四卦之時，萬事萬物基本上就全都包括了，而八卦層面即可定吉凶，掌握了八卦基本上就掌握了萬事萬物成住敗空的基本規律。

所以，孔子在經典《易經‧繫辭》中講過，無極生太極，太極生兩儀，「兩儀生四象，四象生八卦，八卦定吉凶，吉凶生大業」。掌握八卦就掌握了事物成住敗空運行的規律，定吉凶不僅是指占卜吉凶，而是甚至能夠左右吉凶。前書《中華文明真相‧占卜之用》中我們對《易經》講了占卜的意義和作用。那是講述《易經》如何入門，不是從背誦開始，而是從占卜入《易經》之門。為什麼要入《易經》之門呢？就是為了掌握宇宙自然的發展規律，然後才能學習中華數術，這是國學最重要的組成部分，即所謂玄學的部分。

不懂玄學數術妄談國學。歷史上宋以後，對中華文明文化，即中華智慧、國學傳統文化的研究，分為兩派。一派為象數派，另一派為義理考據派，事實上從上古一直到

宋之前，都是象數派，從沒有義理考據派，也就是從未在字面上研究經典，而不通象數，甚至不知何謂象、何為數術。但是中華自從宋以後，經過元、明、清，一直到現在，完全都是義理考據派。正如現在很多人研究《大學》、《中庸》、《論語》，即是典型的義理考據派，研究一句話是什麼意思、如何解釋，解讀起來都是華麗的詞藻，聽上去很有道理，讀者聽眾都覺得講解者博學多才、出口成章、滔滔不絕，卻不知道在現實中應該怎麼用。親朋好友有婚姻問題、情感問題，因為你通達《大學》、《中庸》、《論語》等儒學之道，請你指點迷津，但是如果你跟人講解時，通篇都是講經典原文與釋義的頭腦分析，覺得好像在用經典幫助別人，其實完全錯了。

義理考據派只從字面解讀經典，這是我們的上古聖人所不允許的，孔子同樣明確的講道，「書不盡言，言不盡意」，真正中華的智慧是實用的，即所謂象數派，必要通達象、數、理、占，這才真正是中華大智慧入門之起修處，四方面缺一不可。不通象字，枉讀經典，因為離開象，根本看不懂經典。不要感覺孫武寫的《孫子兵法》真是好，

都是戰略思想，其實如果不通象數理占，根本學不透《孫子兵法》，更不可能深刻的解讀這十三篇，何談能用？對經典語句的意思解讀僅是解讀字面，即所謂「書不盡言，言不盡意」，孔子告訴我們在「書」即文字中學不到東西。

如何將經典學深、學透，而且真正能用呢？就是從象數理占四方面。此即是孔子在《易經‧繫辭》說：「書不盡言，言不盡意。然則聖人之意，其不可見乎？」即如何知道聖人經典的真實的含義，怎麼才能會用呢？孔子又接著說，「聖人立象以盡意，設卦以盡情偽，繫辭焉以盡其言，變而通之以盡利，鼓之舞之以盡神。」變而通之以盡利，意即是要想成功，必須學會如何變、如何通，「利」即是成功；鼓之舞之以盡神，要想真正神奇莫測，真正達到運籌帷幄之中，決勝千里之外的狀態，就像諸葛亮、劉伯溫一樣上知天文、下曉地理、中通人事的狀態，就要學會鼓之舞之以盡神。

聖人把我們的修行之路，國學的階梯，掌握上古智慧的方法及手段，都為我們闡述得非常清楚，總結起來基本上就是這四個字，象、數、理、占，如果沒有明師引路，

無論中醫、樂器、兵法、武功都會一事無成，不管多少年，甚至用盡一生，也根本不得其門而入。這並不是我說的，而是孔聖人在經典中親自所寫，不知象，則不通數，也就不識理，亦不會占，都離不開象數理占，中醫不通象數理占，則不是在救治人，可能反而是在害人，不要以為學中醫只是會用幾副藥，就能給別人治病了，其中可是有大學問的。

中醫泰斗在全世界其實都特別受人尊重，甚至專治疑難雜症，專治絕症，用藥如神。美國人對中醫其實非常感興趣，因為確實見效，但美國人研究不明白，日韓也把中醫上升到非常高的高度。但是，現今對中醫不感興趣的，甚至痛恨的反而是中國人。中醫泰斗公開稱中醫為中醫藏象學說，或者稱中醫臟象學說，因為臟乃月之精華，即藏在深處看不見的。現今看人身體有病，都呈現在體表上、症狀上，都是已經能看見的，但這只是病的症狀表象，實際上必是內心，以及體內某個器官或神經系統出現問題，才會在症狀、體表上呈現。而藏起來看不見的地方，即藏象二字就是中醫的精髓所在。

中醫泰斗同時還會說，象字已經失傳了，不知道如何用了，甚至怎麼理解根本都不知道。現在留下來對象的理解都是一些理論，其實不知道怎麼用，如此中醫很難入門。這是中醫泰斗所說，多麼悲哀，即使中醫救人無數，甚至絕症都能救治，但卻同時告訴我們，其實不通象中醫無法入門。意思就是中華的文化、中華的智慧，現在基本上已經失傳殆盡，不要以為現在的中醫我們中華的智慧傳承，其實根本沒有傳下來，現在所傳的僅是表面，真正本質的智慧根本沒有傳承。當下，真正中華老祖先的文化、祖先的大智慧已經岌岌可危，馬上就要斷絕。

　　象數是中華智慧中真正的精髓所在，學習國學，一定要記住千萬不要天天背經典的文字，而得真正去學其中的智慧，並且能用才行。想一想剛才所講，那些令人尊重的名老中醫都明確自己並沒入門，為何中醫這條智慧大道我們不得其門而入？就是因為這個象字。

　　再者，帶兵打仗學習兵法，學習謀略學，不通象、不識數、不知理、不會占，只是知道《孫子兵法》上的字面之理，知道《鬼谷子》中寫的應該怎麼做，能背誦多少種

計謀、策略。但是，沒有象、數、理、占做基礎，那些理論根本用不了，也沒有用，僅僅是紙上談兵。所以，我們所謂的真功夫，就是象、數、理、占。如果真的對國學感興趣，對祖先的智慧感興趣，就不要去做義理考據派，僅是能夠運用古籍、經典為朝廷歌功頌德，而不是在現實中啟用。真正中華的智慧，要在現實中真正啟用，開始學習處就是孔聖人所講的，「立象以盡意，設卦以盡情偽，繫辭焉以盡其言，變而通之以盡利，鼓之舞之以盡神」，這才真正是國學經典、文明智慧的起修處。

有同學問：「老師，那到底怎麼學？您給我指一條明路吧！」

僅在書上是學不了的，我開始就講了，必須得遇明師指路，其實一點即通。象數理占是真正國學大智慧的方向之所在，真的遇到明師後，其實不是學習所得，而是點化激活就有。

有人感覺疑惑，「真的那麼簡單嗎？」其實，簡單中就是不簡單。有沒有緣分，能不能得遇明師，遇到後明師

是否指點，都不一定。真東西並不多，就那麼一點，偽裝卻特別的多，花胡哨的就像武功，中華真正的武功是最實用的，就是用來斃敵殺人的，而真正殺人的功夫會很複雜嗎？如果是明師教授，其實一招見分曉，而現在電影裏打的天花亂墜、上下翻飛，哪是真正的武功，都是花架子的表演。真正的武功豈能讓人見得著，豈能讓人看見如何出手，根本沒看見動手對方已經倒下。真功夫僅一招，沒有機會出第二招，就那麼一點，不遇明師就永遠學不到，得遇明師就只是一招，一擊致命。

　　但是，學那一點可並不簡單，歷史上都要經歷不斷的考驗，心性不好、品德不高、德行不夠、沒有忍耐力和包容度，明師怎麼可能教授這種人一招斃命的必殺技。一點小事就嫉妒、怨恨，睚眥必報、報復心理極強之人，明師更不會教授必殺的技能。真功夫並不複雜，甚至很簡單，正所謂大道至簡，都是直接實用的，但是想得到真功夫，路可並不好走。能否經得住師父的考驗？如果師父表現出行為乖張、不符合道德標準，會不會馬上認為師父人品不正，就不再繼續學習了，得去另外尋找完美的師父，即所

謂人品極正的菩薩似的師父。

其實那只是你自己以為，有時候師父可能故意表現出乖張、魔性的一面，然而你眼中看見的魔，你眼中看見的所謂乖張、不道德，看見的都是誰？在別人身上看到的永遠都是自己。如果自己的師父都接納、包容不了，或者根本看不透，都全是在用你自己的分析判斷，以你自己的標準衡量、評價，哪還有機緣求學？能如此評價師父，就肯定會以這種標準看待別人，那麼在你眼中很可能全是魔。

有人疑惑說：「老師，是不是所有的壞事都不是壞事，也根本都沒有惡人？」

這就是沒理解明白，並不是這個意思。要記住一句話，「心中有蓮花，處處是蓮花」。自己心中沒有怨毒，就看不出別人是怨毒之人，自己心中沒有嫉妒，看外面的人也就沒有嫉妒之人。心中什麼樣，投射出去外面看到的就是什麼樣。外面所有的人都不是別人，與自己相關的所有人，都是自己的一個人格。此處要努力理解，雖然不一定能理解為什麼外面與我相關的所有人，都是我的人格，即在我

之外沒有別人。即所謂，我心中有怨毒，看到外面的人就都是怨毒之人，我心中有背叛，看見外面的人就都是忘恩負義之人，我心中有嫉妒，看見外面的人很多都在嫉火中燒。

所以，師父觀察徒弟，即是用各種方法考驗，考驗徒弟的心性，當師父重視、親近他的時候，他是什麼狀態，是否會得意忘形。有的人就是如此，一旦受到親近和重用，就立刻得意忘形、飛揚跋扈，因此在這種人立大功時，反而會貶低他，遠離他。此時，師父就會觀察這個人，在這種狀態下是什麼樣的心性、狀態，有的人就會立刻生起怨恨之心，撂挑子不做也不學了，師父都看在眼裏，這樣的人是不可重用的，就再也不可能給他機會了。

修行其實都是在修自己，得遇明師想得真工夫，就要真正修煉自己的心性、心態，明師一定把真功夫教給心性好的、心態穩的徒弟，學真功夫不難，但要得到真功夫，卻又山遙路遠。為什麼唐僧師徒經過九九八十一難最後得到了佛法，而佛經打開以後卻發現是無字真經？為何經歷九九八十一難，直接送到面前說真經是什麼不就好了？根

本沒有那回事。九九八十一難就是在磨練自己的心性和心態，沒有好的心性心態，絕無可能把祖先的大智慧交付予你。這都是武功裏的一擊必殺之祕技，一招出手人就沒了，而那些上下翻飛的其實全是花架子，看似精彩但無法殺敵制勝，真正上了戰場全沒用，所謂會武功套路的還不如街頭流氓，因為流氓天天打架反而全是實用的制勝手段，而所謂太極、武當、少林拳的套路根本都不是真功夫。

　　同樣，我們學習國學其實也是要學真功夫才行。而象、數、理、占，才是真正國學啟用處的真功夫，要從此開始學。《易經》是萬經之首，即是從占卜開始起修，但實際上告訴大家，在占卜之前還要先從象開始起修，得先通達象，又學會數術。這樣也會成為神醫，再看《黃帝內經》就能看懂，也就能治病，何需吃藥，不必扎針，通達象術，即可知道何謂神醫。而且，通達象術，再運用兵法，亦可知道真正的兵法絕對不是書上寫的文字。最終，通達了象、數、理、占，再去理解《鬼谷子》等經典中寫的到底是什麼，其實每一部經典都有扇大門，一開始緊緊的關閉著，要真正想學習一部經典中的中華智慧，就必須得打開這扇大門，

每一扇門裏都有無盡的寶藏，如何打開這扇大門走進去，選取所需要的寶藏，必須得有明師指點，帶領入門，進門之後如何選取寶藏，就是根據自己的需求了。

如果沒有明師指引，就會永遠都在門外轉，把經典倒背如流也沒有用，因為根本不會用。此即所謂「師父領進門，修行在個人」，意即是必須有師父領進門，才能開始起修，沒有師父領進門，勘破腦袋也沒有意義，最後只能是一個義理考據派，一事無成。這就是中華祖先文明、智慧的傳承之路，誰也改變不了，張良那麼聰明，也得有黃石公領路，姜太公也得有師父，歷史上哪位高人沒有師父能夠自學成才？道教仙人張紫陽，八十歲在四川得遇師父青城丈人，方才悟入真道，幾年就修成了金丹大道，寫出著名的《悟真篇》，而他自己博覽羣書、勤學苦練，但只是天天在書本上練，練到八十歲也沒悟入道門，遇到師父後一夜即得其門而入，而後自己三年修成。其實就是如此，與歷史上所講的一樣，天天背誦《孫子兵法》，高談對兵法的理解，即是所謂的紙上談兵，毫無用處。

只講道理，兵書中寫安營紮寨要在山腳下向陽處，於

是就這樣安營紮寨了，結果當天晚上一場大暴雨，山洪暴發，被沖得全軍覆沒，所以只理解兵書上的理沒有用，而知道數以後，則上知天文，下曉地理，就會知道當天晚上有大暴雨出現，然後就知道應該在何處安營紮寨。如果何時會起狂風，何處會起大霧，都不知道，只知道兵書上所寫的，就是紙上談兵，就會害死千軍萬馬。像大家耳熟能詳的諸葛亮草船借箭，是不是得先算出來哪一天、幾時幾刻，將會起大霧，才能率領草船奔赴曹營借箭。曹軍的將領也不是傻子，要是看到來的是小草船，別說射箭了，直接就派大船把草船滅掉了，不還是得靠大霧瀰漫，對方在看不清的情況下只能射箭，才能實現草船借箭，其實這其中的道理很深。

有人說：「老師，那到底是真的假的？都是《三國演義》小說中寫的，不都是演義的假的嗎？歷史上有真實原型嗎？」

其實歷史上這類事例比比皆是，而我們研究老祖宗的真功夫究竟有何用？一方面是用在醫上，因為治病救人是實實在在的功夫；另一方面就是用在軍事上，軍事實戰更

容不得半點差池。何為奇門遁甲？何謂八門八神？行軍方向怎麼確定？古代沒有地圖，更沒有衛星導航，卻事先都能把路看得清清楚楚，路通不通，通在何處，都得依靠軍師。因此所謂軍師，必得上知天文，下曉地理，必須得通達這些，謂之能掐會算，這才是中華智慧中真正的真功夫。

第二節

樂為心聲溝通象數理占
智慧整體禮樂皆為教化

　　現在講述的是六藝之樂，是六藝中非常重要的一項，剛剛又講到了象數理占，兩者之間有何關係？六藝為什麼在禮之後接著就是樂？即是樂中就有象數理占，不通象數理占就根本不懂樂。前面我們講過，樂有廣義之樂，亦有狹義之樂，而我們講的主要是廣義之樂，即是溝通、溝通的藝術，即語言，其中包括視覺上的肢體語言。

　　我們發出的聲音就是振動波，即頻率。而眼神則是肢體語言最重要的部分，雖然眼神聽不見，但眼睛發出的同樣是波，而且眼睛發出的波比口腔發出的聲波還要強烈，傳遞出去的資訊更廣、更深、更透、更直接、更入心。所以在前面章節中我就告訴大家，樂是溝通的技巧，是溝通的藝術，言為心聲，樂為心聲，都是心向外的一種表達。同時告訴大家，練習話術不如練習眼神，眼神屬於肢體語

言的表達，而肢體語言在整個溝通過程中，占 55% 的比重，而在這 55% 的比重中 80% 都是通過眼睛傳達的。所以，真正要練習溝通的技巧，即廣義之樂的溝通技巧，就是練眼神，讓眼睛會說話。

如何讓眼睛會說話？怎樣練習眼睛呢？記住從現在開始儘量閉上嘴，多用眼睛，先從觀察開始練起，先學會觀察人。我們現在的主要問題就在於，真正觀察過人嗎？事實上，絕大部分的人都在迴避，不去看人，或者偷偷的看，怕不禮貌，怕被別人發現在觀察他，所以不敢看人，而這就是所謂普通人。任何人剛一見面，基本就能看出有沒有受過訓練，就是看眼睛，即這個人是如何看人的。真正的高人，目光一定是經過訓練的。這才是真正的溝通技巧，而市場上所謂的成功學，天天培訓演講的話術、手勢、姿勢，那是細微末節，不要練那些。所謂的話術，即語言的內容，已經講過在溝通的比重中是最次要的，才占整體溝通的 7%，所以不可以把注意力、重心都放在那裏。

真正的樂，不要狹義的以為孔聖人就是在教音樂，教大家彈古琴、吹簫、彈琵琶，根本不是那麼回事。而且《樂

經》也是一部經典，現在失傳了。之所以《樂經》是一部經典，即是因為樂之中包羅萬象，非常的廣大，在此我僅僅為大家衍伸了一點點而已，但是也已經能夠為大家打開一道門，去感受六藝。孔子真的在教授漢唐時期的學子學習這些嗎？我們後面會一步一步的從經典中找出論據為大家具體講解。其實，樂之於古人根本就不是用作娛樂的，而是用於教化的。

前面我們講過，禮是用於人與人之間的關係，而樂同樣也是人與人之間的溝通。禮是誠敬的態度，不僅禮人、禮物、禮天地、禮自然，而且對植物、動物也都有誠敬。樂是溝通，既是人與人之間的溝通，也是人與物之間的溝通，人與自然之間的溝通。因此，禮是人與萬物之間的態度，樂是人與萬物之間的溝通，何其重要。現在就要開始練習樂中的眼神，目光要堅定而柔和，不要犀利，不要練瞪眼睛的眼神。何謂中庸之道？既不可太有棱角，眼睛金光四射，目光犀利，那是修過了；也不可以萎靡不振，眼光發出去毫無精神，是謂不及；要堅定而柔和。這一定得練，眼神練得別人看著沒有不舒服，但是又有一種隱隱的

威嚴，即所謂不怒自威，同時又感覺很柔和，很慈祥。

樂即溝通，透過經典的解讀，教大家如何溝通。以禮、樂教化民眾是何時開始的？即是從周開始的。周距離現在已經三千多年，那時的古人即是用禮樂教化民眾，是最高境界的教化，而不是只用刑法。刑法是最次要的、最後的手段，迫不得已時才使用，不是經常用來教化眾生的方法，甚至根本不能稱之為教化。

我們可以從經典中找到樂到底是用於娛樂，還是用於教化眾生的。在周初的《周禮》中即有記載，樂中其實有大學問在，古人是用禮和樂來教化眾生的，古人真正做樂的人都是專門研究教化的，而現在所謂音樂就是娛樂，做音樂的人都是娛樂派。《周禮 · 地官司徒》中，「大司徒之職……而施十有二教焉……四曰，以樂禮教和，則民不乖。」即大司徒教化民眾，用樂和禮在教授如何能夠和睦，其實就是指人與人之間的溝通關係，則民不乖張。

再詳細解讀一下《周禮》的這段內容，「而施十有二教焉。一曰，以祀禮教敬，則民不苟。」意即是，其實教

化有十二種方式，第一最重要的教化就是祭祀，教我們誠敬之心，則民不苟且。以祭祀誠敬的心態，則與天地通，心胸寬廣，十二道教化之中第一就是祭祀，可見祭祀之重要。而現在根本沒有祭祀了，其實現在我們也沒有了教化之道，現在所謂的教育，只是上學學習自然科學知識，不能稱之為教化。如果真想恢復中華禮儀之邦，中國人要恢復至以前有素質、有教養的禮儀狀態，就一定要像孔子一樣，把周初的教化之道挖掘回來，得真正去學。

漢唐為何能夠達到世界頂峰，就是透過孔子這套儒學教化體系，把周之禮、周之術、周之道，真正學習應用到了漢唐，進行教化，所以才能達到鼎盛的文治武功。不要盲目的認為復古就是落後，千年前的古代都是陳芝麻爛穀子，都應該被打倒，而要好好想一想我說的有沒有道理。還是那句話，我所講的句句不離聖賢經典，而此處所謂聖賢就是孔夫子，以孔聖人為典範，句句不離孔聖人的體系教導，都有經典作依據。

繼續《周禮》中記載的教化，「二曰，以陽禮教讓，則民不爭。三曰，以陰禮交親，則民不怨。」陽即是表面

能看得到的，陰則是德。所謂不爭、不怨，大家既在表面上相互都恭敬、謙讓，在私下裏也不怨、不恨、不嫉妒。如何做到不爭，即一定得有等級、有序列，得是序化的。管理一個企業，如何使大家不爭？現在大多數的想法反而是，管理企業應該讓大家爭，都爭相表現才好。那就是現在西方管理的體系思路，讓大家都爭起來、鬥起來，甚至打起來，所謂讓百姓臣民打起來，帝王高高在上可以坐收漁翁之利。雖然那也是帝王術，但那是下層的帝王術，真正高境界的帝王術一定是透過等級、序列序化，而使民不爭，每個人都做好自己的本分，應該是誰的就是誰的，不僅僅以能力為先。

但是，所謂高境界的帝王術，是用在國家已經穩定的狀態下，已經真正成為帝王時。還沒打下天下成為帝王的時候，這套帝王術並不好用，即創業階段不適用這些規則，而是只要能活下來，什麼招都可以用，誰有能力誰上，能者居之，那時沒有等級，沒有序列，沒有序化，都競相向上先把事做好。做創業企業的老闆，不分等級，全是哥們，哪有上下屬之分，天下都是兄弟，一起並肩打天下，先打

下天下來再說。就像李世民、劉邦，打天下的時候，兄弟們一起拋頭顱灑熱血，兄弟之情都是生死之交，哪有等級，李世民能高高在上嗎，劉邦能高高在上嗎？都是大碗喝酒，大口吃肉，不求同年同月同日生，但求同年同月同日死，兄弟們也沒有工資，都是為情、為義跟隨大哥拼命，這是馬上皇帝、創業君主。但是，一旦天下打下來，朝廷落成了，歷史上所有的開國明君，一定第一時間馬上分等級、有序列、能序化。

而企業中，首先要看現在是創業階段，還是守成階段，創業靠人，守成靠制度。創業的時候依靠能人，一定要重用能人，舉賢不避親；守成的時候依靠的是制度，就不是個人的力量了。那時如果某一個人的力量太大，對整個體制、整個企業反而是有危害的，企業中不允許有過分的、超越體制的人出現，一旦出現這種人，即使能力再強也要清除。守成靠制度，而維持制度即是靠等級、序列，這就是孔子教導我們的帝王術中最重要的孝悌。孝就是等級，上下等級嚴格分明，下不可抗上，上必有權威，上級下命令下級即執行，沒有所謂一味的民主。

老闆是企業裏的第一權威，此時已經過了官兵一致的創業期了，就不要再強調官兵一致，不可以了，而是馬上就要開始制度化，悌就是指兄弟間的序列，長兄如父，弟弟後來到世間就得守好序列，亦即是在制度體系內長兄繼承父業。身為長兄生而有職責、有義務，也不能自己認為做不了就選擇不做，而去做自己想做的，那也不行，此即謂之序列。

一家有四兒一女，有的父親覺得四個兒子都不爭氣，而女兒很聰明、能力強，能把事業做得更好，應該把企業傳給女兒，這樣不可以；有的父親認為應該在四兒一女中，尋找並傳給德才兼備的去發揚，也不可以；現代人認為古代是封建，嫡長子繼承，現代怎麼還能這樣呢？其實就得這樣。我們中華祖先從上古一直到近代，幾千年都沒有變過，這麼多朝代也沒變過，夏商周到漢唐，直到宋明清，為什麼都制定這種嫡長子繼承制，為什麼幾千年來都不以能力來衡量，都不讓兄弟以能力爭得王位。因為，那樣最後的結果就是內鬥極其嚴重，兄弟姐妹之間全是內訌，相互拼殺，要表現自己的能力，但並不是真的能建功立業，

這時的表現基本都是陰招，相互打壓，讓兄弟姐妹表現的無能無德，甚至陷害，而事業其實根本傳承不下去，這種情況歷史上也有很多實例。

更不要自己想去創造，學一點西方管理學，就開始應用在自己的家族企業。現在企業傳承時都碰到了這種問題，父親天天琢磨幾個孩子到底誰行誰不行，今天覺得這個行，明天又覺得不行了，如此下面的臣子、企業的高階主管都不知怎麼做了，父輩要交班，不知跟隨哪一個兒子站隊，結果高階主管開始分裂，隨之中層也開始分裂，兄弟姐妹之間更開始相互爭鬥，這哪還是管理，是不可以的。所以企業管理要想傳承，一定記住序化，這就是孔子教導我們的孝悌之真正道理所在，我們學習古人經典，一定得學到精微處，得知其然知其所以然。

我們講了很多古人好的傳統、好的制度，然而古人也有很多不好的東西，以後也會講到，我們要做到把好的挑出來繼承，不好的放下。即是指現在做企業，可以把我們上古的智慧直接拿來用，但我們要知道用的是什麼，用即是為了有效。對於中國企業的管理，我們古代的一整套管

理體制是最適合中國人的，已經運行了幾千年，都在很好的運行。中華朝代變更，而整個管理體制不變，一個朝代能夠運行幾百年，傳承幾十代。現在一個企業為什麼三代都傳不下去，就是因為沒有系統學習真正的帝王學。

其實，真正的帝王學並不是在樂中講的，六藝之禮、樂、射、御、書、數，御才是真正的帝王學、管理學。企業家的傳承，其實一旦過了創業期，就面臨傳承的問題了。有人覺得現在都是獨生子女，沒有兄弟姐妹了，問題就簡單了，其實不然，既然謂之傳承，就不僅僅是一代，這一代就一個兒子沒有問題，那後代的傳承呢？是不是得把這些制度規範都教給這一個兒子，他再往下一代傳的時候，才能知道應該按照什麼制度傳承。因此，企業之始即開國時期就要把這些制度定立好，這才是真正中華帝王學之代代傳承的智慧。

此時肯定會有人問：「老師，如果長子既無能又無德，怎麼辦？」那也得傳給長子。並不是我講的絕對，而是咱們的祖先聖人們，制定了嫡長子制以繼承家業，而弟弟們創業，嫡長子守業。普遍來講，家中長子的性格秉性都比

較憨厚、穩重，家中老二、老三等都很靈活、聰明、好動，因此長子天性適合守業，同時扶持弟弟妹妹創業，弟弟妹妹也適合創業，去做自己喜歡做的事。這樣就會形成一種局面，長子守業已經確定，誰也不可以爭，無論長子是否有德、有能，只要沒有犯天理不容、破壞綱常倫理的錯誤，就絕不會變，於是兄弟姐妹也不會與長兄爭奪父業，而是自己發展，他們想做什麼，父親、長子自然扶持，自己另行開創一份事業，哪怕是同業都沒有問題，不同業也沒問題。如此弟弟妹妹的事業創立起來，長兄把父業守好，就能做到相輔相成、相互支援，而沒有過多的競爭與利益衝突，只有合作這一種最好的方式。

告訴大家，真的要好好向古人學習，這就是周初的教化，十二方面中，第二謂之以「陽禮教讓，則民不爭」。講的其實就是管理，而儒學入門即是從孝悌開始。

「三曰，以陰禮教親，則民不怨。」陰禮就是德，溫良恭儉讓，從小就得教化，應該如何為人處事，教的就是《孝經》、《論語》，如此則民不怨。「四曰，以樂禮教和，則民不乖」，就講到了透過樂教大家溝通之道，都善於溝

通，民就和了，就不乖張、不激憤了，因此樂中道理非常之深。

有人聽得迷惑，「老師，講了很多，感覺沒講什麼樂啊，我還想了解音樂到底是怎麼回事呢？」

其實都講了，國學智慧都是整體性的，我在前面講授禮的時候，其中也有樂，講樂的時候，其中也有象、數。如果直接講樂理、音樂的知識，也不是本書的主題，其實我們都是要透過一個點，講授國學這套智慧，我在講授禮的時候，同時在講教化之道，還在講修行，所以國學全是整體。關鍵是讀之受益，大家能得到想要得到的，沒有那麼死板，也不是按照大家習慣的邏輯。我的風格講國學，什麼都是禮，什麼都是樂，什麼都是數。

樂還涉及很多的象、數，有人認為這並不是音樂，想不明白象、數與樂有什麼關係，我們後面逐漸會講到，現在僅僅是鋪墊和準備，這就是我的風格，講的都是整體。同時，一定要切合主題，現在講的是六藝，禮、樂、射、御、書、數也是整體的講，看似正在講禮、樂，其實已經把後

面的帝王術即射、御，包括數都涉及到了，慢慢講到後面大家就理解了。

一定記住一點，中華的智慧就是整體性。學習一個點不是僅僅學這一個碎片，而是透過這一個碎片展現出整體，正如前面所講學醫也是一樣，不是僅僅讀《黃帝內經》就能學會治病，不懂修行、不通象、數、理、占，不可能把醫學好；同時，如果中醫真正學好了，也會是一個偉大的軍事家，同時武功都是高手。這就是咱們中華祖先的智慧，都是一通則百通，全是一個相通的整體，學好一門則所有的全都學會了。所以，掌握中華智慧的大師，絕不是單一的大師，真正的風水師一定是神醫，一定能治病，一定都能指揮打仗，甚至也是企業管理大師。

中華大智慧就是一套整體的體系，我們學國學一定注意不要碎片化，最忌諱太多的邏輯性把整體碎片化，所以我的書籍就是這個風格，看似沒有條理、沒有邏輯，卻是從不同的角度、不同的領域，講授同一個整體。能不能理解、能不能接受則要看讀者個人了，這就是緣。

第三節

世界先進體制源自中華
規律性體系古制不可變

孔子的教化之道中，六藝對儒學體系是至關重要的，是儒學落地的方法，即六種寓教於樂的方法。我們前面講了禮，正在講授樂，已經知道其實六藝中有很深的道理，透過六種戶外活動，亦即是人與自然的互動，每一藝都有很深的含義。之所以在中華文明國學大智慧的書中，詳細的講述六藝，其實也是我的一個願望，中華要復興，則我們傳統文化的復興、中華文明的復興是必然的。而真正復興的根基基礎就是教化之道、教養之道，民族復興的希望還是得寄託在我們下一代的身上。

而我們這一代是承上啟下，別把老祖宗這套智慧體系丟了，我們的作用就是把老祖宗的智慧挖掘出來、傳承下去，如果這一代不能挖掘、傳承祖先的智慧，那這一套中華文明、華夏文化體系，就會在這一代消亡。所以現在

三十到七十歲的大約兩輩人其實非常的重要，對於傳統文化的興衰，是承上啟下的一代。

我們趕上了這個時代，在我們之前，中華的文化文明體系已經被打到了最低谷，已經沒落了上千年，甚至已經轉向、轉折了上千年，我們曾經高維的、神授的、大智慧的文明和文化體系，自宋以後已經開始轉向，一直到明清、民國、當代中國，已經徹底把祖先的傳統文化，不分青紅皂白的推翻了，甚至基本上已經斬草除根，使我們這套文化體系被徹底的摧毀，不僅是傳承體系，包括所有的制度，所有上古的、原始的、古老的文明全部被摧毀。就算想重新建立與世界接軌的一套智慧或信仰體系，但是現在已經經歷了幾十年、上百年，根本沒有重建起來。

所以現在這一代中國人特別迷茫、沒有信仰，以前已經穩定實行了幾千、上萬年的文明、信仰、文化體系，包括我們的思維模式、行為模式，都被打倒了。但是新的、超越的、昇華的一套替代體系又沒有建立起來，這種狀態下，至少這一代，即我們和我們的父輩兩輩人，基本上都極其迷茫，不知道世界的真諦、真理是什麼，自己祖先的

已經完全打碎，新的尚未建立，而且建立起來的我們也不信，就導致了現在整個文化、文明、信仰大崩潰。

這才是現今社會、當代中國現實中，最嚴重、最根本的社會問題和體制問題之根，不要埋怨政府的體制不民主，認為西方民主，其實不是所謂的民主就一定好，國家領袖就必須是全體國民一票一票的選，那是西方的體制，西方可以這樣做，但不一定適合東方，事實上東方如此選舉的時候，都是政府內訌、百姓打鬥。

中華到底適合採用什麼樣的政治體制、社會體制，以及信仰體系？其實我們有上萬年穩定、成熟的、古聖人制定好的一套體系，有其深遠的意義所在。如果全都是所謂陳舊的、腐朽的，為何能夠穩定的實行上萬年？中華這套體系，從黃帝、堯舜禹，之後開始家天下，一直到所謂的封建社會結束，即清末時期，非常穩定的實行過兩種政治體制。

首先是黃帝、堯舜時期實行的是禪讓制，意即為領袖年老力衰以後，就會把領袖、帝王之位，讓予氏族、部落

中德才兼備之人。禪讓制是最早時期的體制，其實並不是從黃帝開始的，黃帝之前也都是這種體制，而不是家天下，不以血統、血緣選擇傳承，實行的是選賢任能，但必須德才兼備。一直到舜禪位予禹時，也是實行禪讓制，結果禹再往後卻禪讓不出去了。我們都知道大禹治水功德無量，大禹年邁後也準備實行禪讓制，連續選了三個禪讓的繼承人，結果大禹宣布把王位、統領之位禪讓給某個繼承人後，下面的各氏族部落首領都不聽，大禹雖然宣布禪讓了，但是他走到哪兒，這些首領還帶著氏族部落跟著大禹，也就是不聽新任統領的命令。如此，大禹禪讓了三次都沒有成功，就去世了。這些氏族部落的首領們，在大禹去世後，又公推大禹的兒子啟為統領。

後來禹之子啟開始建夏，把分散的氏族統一了起來，氏族首領也全都一致公推大禹之子為王，都聽啟的命令，因為啟的德行和才能天下皆服，即所謂以德服天下，於是啟建夏，中華就從禪讓制開始進入家天下的時期。家天下首要也得天下皆服才行。現在世界上還有沒有家天下的國家？當然有。英國的君主立憲制，也是家天下，王室一代

一代都是憑藉血統傳承，現在是伊莉莎白女王，後面再傳位予她的兒子查爾斯王子，也是實行長嗣繼承制度，這種血統傳承就是家天下。我們中華在很早的四千年前，就已經從禪讓制變成了世襲制，西方的世襲制其實就是跟我們中華所學。

西方的整個政治體制變遷，雖然不能說絕對全都是跟中華所學，但是現在世界上這些很超前的、很先進的政治體制、社會體制等制度，基本上大部分都是源自於中華，有些國家學得很好，所以現在都是世界上發達國家中領先的，比如日本、新加坡。新加坡屬於中西方結合，但李光耀就是用儒學的方法治理新加坡。

有人說：「不對啊，老師！新加坡非常公平、公正，而且嚴刑厲法，誰也不敢違法犯規，懲罰也不分王公貴族與平民百姓，都是一視同仁，這不是法家嗎？」

這種認識是錯誤的。李光耀真正治理新加坡，完全都是應用儒家體系，同時又借鑒了西方民主制，但本質之根就是儒家。現在李顯龍承接李光耀的位置，大家也都認可，

而李顯龍本身也是長子，也就相當於嫡長子繼承制，亦即是說新加坡既有選舉又有世襲，嫡長子亦是民眾選舉上來的。

東西方結合的實例，其實還有很多，我們不能只認為世襲制不好，也不能說世襲制就一定好，所謂的好與不好一定要根據國情，一定要根據民族的人情、人性，以及民族傳統。諸如日本天皇是世襲制，英國王室是世襲制，而美國是所謂民主制的代表，其實兩個都很強大，不能片面的說這個就是好，那個就是不好。英國、日本、泰國都是世襲制，可以看到國家社會是否穩定，泰國現在已經世襲到十世國王，百姓都是心甘情願的，國家和政治體制都很穩定；英國的古建築，都是幾百年留傳下來的傳統建築。這些都是一個家族世襲下來的，相當的穩定。

其實中華的政治體制，從最早的的禪讓制，到大禹之子夏啟結束，自然進入到封建體制，而封建社會體制亦稱為世襲制。如此又穩定了多少年呢？即是夏、商、周近兩千年。封建制又是何時打破的？即是秦始皇時就已經不是封建制了，這一點要埋解清楚。

所謂封建，封即封地，建是世襲。何謂封建制？即功臣有封地，歷朝歷代的開國元勳都有封地、有爵位、有職權。爵位和職位是不一樣的，爵位是封賞的榮譽稱號，從而享受爵祿，一般有封地的人都有爵位；同時還有在任的職位，即不僅有爵位，還要具體做某個事項，因此所謂封建政治體制，封和建兩個字非常重要，首先得有封地可以世襲傳承，建即是爵位可以世襲，而封地和爵位都是可以代代傳承給子孫的，而且沒有時間限制。爵位有「公侯伯子男」一整套體系作等級分類，真正開國建功立業的功臣們，非常在乎爵位，一旦封爵子孫都可以享受。現在的英國就是這樣，貴族都是有爵位的，中國現在卻沒有了，而英國這套世襲制又是從哪裏學的呢？

　　中華自夏、商、周時就已經有封建世襲制了，秦始皇時被打破，就開始了中央集權制，相當於把封地取消了，功臣也沒有爵位了，只有職位，而且不可以傳承世襲了，這就是中央集權制的特點。秦始皇在歷史上都認為是偉大的君主，雄霸天下，非常聰明，建立秦王朝後，就把夏、商、周的政治體制、社會體制等整套規則基本全都打破，他太

聰明了，自己在創造歷史，所以秦王朝十五年就被滅了。
而秦真正覆滅的原因，不僅是因為修長城天怒人怨、修驪
山墓勞民傷財，那只是次要因素，也不僅是因為嚴刑屬法，
實行法家統治，那也不是主要因素。秦真正覆滅的最重要
的原因是，把古制全都推翻了，秦始皇很聰明，所以我們
一直在講，聰明帝王所謂的創造歷史，不一定有利於歷史
發展。

　　歷史上經常出現這種聰明的帝王，推翻以前的所有，
自己創造一套新體系。然而，要知道上古時期的那些體制，
並不是人創造的，而是神授的文明、神授的文化體系，不
是某一個人拍拍腦袋就能想出來的。因此，所有歷史上打
破古制，創造新體系的帝王，基本上都會給我們社會、民
族、國家帶來災難，這樣的聰明皇帝有很多。比如王莽篡
漢建立新朝，然後開始大面積的改革，研究王莽的新政就
會發現一個很奇怪的現象，當時王莽的很多政策，與現在
的社會主義制度很接近，提出的理念、觀念與現在社會主
義思想很相似，所以有人說王莽是現代人，穿越到西漢篡
了漢，然後建立了一套社會主義體制。結果，王莽新朝也

僅僅維持十五年就被推翻了，王莽也在亂軍中慘死。王莽是否超前，改革新政是對還是錯，其實真的無所謂，但是有些東西是無論多麼聰明都不能去改變的。

我們現在講究與時俱進，講究隨著社會的變遷而變化，才能走到時代的前沿，才能引領時代潮流，這沒有錯。但是，有些規律性的東西，包括政治體制、社會體制等上古聖人為我們定立的最基本的體制體系，是不可以變的。應當是有所變有所不變，不能一成不變也不能全變，有些必須得變，但有些絕不能變。根本不知道上古聖人為什麼創造這套體系，也就不知道什麼可以變，什麼不可以變，因此古制輕易不要動。現在的電視劇中，有些皇帝要改革，很多老臣痛哭流涕，血書死諫，古制不能輕易變，結果皇帝不聽勸告，不納諫言，甚至誅殺諍臣，後來法家人物開始改革，把古制都改變了，看似社會突然迅速發展，同時也是未來大災禍的前兆，之後基本上都是禍國殃民，百姓塗炭。

很穩定的一個朝代，本來是有些小問題，其實可以透過一些調整手段和方法妥善處理。結果為了解決表面問題，

把根本動搖了，整個社會體制就都動搖了，政治體制也動搖了，導致天怒人怨，人心動搖，整個社會都發生巨變，就開始了亂世。後來，出現一代明君統一天下，統一以後恢復古制，社會又安定一段時間，開始盛世時期，經過兩三百年又有能人出現，又覺得社會有問題，覺得穩定了兩三百年，社會已經僵化了，就又開始變革，又出現百年戰爭。再出現真龍天子，結束戰亂恢復古制，中華的朝代歷史基本都是這樣周而復始的規律。

秦始皇是聰明人，雄才大略，但是把周之體制整套顛覆、推翻，創立中央集權制，現在很多人誤以為後來的漢、唐、宋、明、清，都是因為中央集權制非常好，才能延續幾百年，其實這些看到的都是表像。漢初時候，如何休養生息，恢復天下國力民生，不是用秦始皇的中央集權制，而是劉邦滅秦建漢後，直接恢復了周時的分封制，也都有爵位世襲。但是，開始分封的都是有功的異姓之臣，封完以後劉邦後悔，怕這些功臣有了封地、軍隊，有實力了，大漢天下會像東周一樣，春秋戰國諸侯爭霸，影響甚至取締中央政權。後來劉邦親自削藩剿滅異姓工，但是並沒有

改變分封制，只是將異姓王變成劉姓王，非劉不得稱王。

　　漢到第三代漢景帝時期才開始一點一點的削藩，從分封制逐步向中央政權制過渡，而且還因此而引起了七國之亂，就是七個封地諸侯共同起兵清君側，就是因為又要改變分封制，把封地爵位的世襲取消。後來如何取締的分封制呢？是第四代漢武帝採用了很聰明的推恩令，才把分封制、有封地的諸侯徹底瓦解，然後才正式實行了真正的中央的集權，這已經經過了上百年中央與封地諸侯之間的戰鬥，漢高祖劉邦其實三分之二的土地是分封出去的，大漢的中央政權僅有三分之一，所以研究歷史很有意思。

第四節

君主立憲制即帝王宰相制
選舉制源自於中華察舉制

前文我們從管理方面，講禮講孝，即等級，講嫡長子繼承制，即序列，有了等級、序列，然後才有整體體制的序化。這在管理上非常重要，所以我反覆的強調這一點。

但還是有人會說：「老師，這些是上古時期，夏、商、周時的制度體系，您現在給我們講這些，難道中華要退回到那個時期嗎？我們應該向西方政治體制學習，應該學習西方的管理學、民主制、企業股份制，要學習建立能者多勞、權責分明的管理機制、總經理負責制等等。」

然而，你真的懂得西方管理嗎？真正西方最穩定的管理體制是什麼，就是自由選舉的民主制嗎？真的以為西方不是世襲制嗎？現在學習這套體系時，即可好好想一想西方到底實行的是什麼樣的管理體制，從而衍生出什麼樣的政治體制和社會體制。事實上，現在西方實行的就是典型

的世襲制。

有人一聽立刻反駁，「老師，不對！英國王室雖然是世襲制，但是英國女王不管具體事，主要是宰相即首相在負責。首相是大家選出來的，女王只是名義上的精神象徵，具體管理國家的是首相，這套君主立憲制多好啊，君主的權力被限制著，不是君主一人說了算，最高的是憲法，即所謂立憲。日本也一樣，天皇家族是精神象徵，下面也都是由首相負責具體事務，首相是幾年更換一次，但是王位不動，謂之君主立憲制。」

不要以為西方這套體制是他們發明創造的，其實是跟咱們中華學的。不是我在這裏王婆賣瓜，自賣自誇，包括前面講過的科舉制，也都是西方向中華學習的。現在的高考制，碩士、博士稱號，都是漢時就有的稱號，西方社會體制中的世襲制都是跟咱們的祖先學的。

有人說：「老師，還是不對！以前咱中國的皇帝，與現在西方的君主立憲制不一樣。以前的皇帝就是家天下，而且皇帝一人說了算，一言九鼎，宰相就是皇帝的奴才。」

在此告訴各位，其實不是這樣的。中華的古代，都不必說夏、商、周三聖時代的政治體制、管理機制多麼先進和超前，即使是漢、唐、宋時中國真正的政治體制，也不是只有皇帝一人說了算的。真正好好研究歷史，就可以知道我們的體制是，皇帝是真龍天子，不具體管政事，只是象徵意義的精神代表，真正具體治理天下的則是宰相。皇帝和宰相之間真正的關係是，皇帝想做任何事必須經過宰相，國家任何政令都必須是宰相發布，有了過錯也是宰相承擔，甚至庫銀都是宰相管理，並不是皇帝想花錢就能花錢的。

　　漢、唐、宋時期的管理體制，都是這種帝王宰相制，宰相可不是皇帝的奴隸，而是大家公舉上來最後皇帝確認的、德才兼備的人，其實就是所謂的選舉制，但並不是全民選舉，而是王公大臣、精英層選舉。肯定不是皇帝覺得誰順他的意，就任命誰為宰相的，如果大臣、諸侯都反對，絕對任命不了宰相。宋以前的政治體制，絕不是所謂皇帝一言堂的家天下，唐太宗李世民那麼英明神武，都不能一言堂，都有魏徵、房玄齡等宰相制約，唐太宗要建座宮殿，

魏徵直接上疏不可以建，即使是皇帝做事也得符合天之道、地之規，也不能任意妄為，讓天下百姓都為你而受苦是不行的。

當時的制度，宰相的選任都是經過所謂的察舉制，從鄉到縣，再到省市，一層一層的舉薦，舉薦出來的都是德才兼備之人。察舉制到了漢末以後才出現了官官相護，當官的貴族階層舉薦的都是他們的自己人，不管是否有德、有才，然後結成黨派，那是大漢天下四百多年後的東漢末年，但是之前實行的，以及後來唐初實行的，全都是察舉制和君主宰相制。中華古時可不是所謂的家天下，把大臣、宰相當奴隸。真正皇帝一言堂，把大臣當成奴隸是從元朝開始的，元是蒙古部落建立的，沒有自己的文化，也沒有文明體系，蒙古就是那種所謂的家天下，一家之中父親一人說了算，氏族部落首領一人說了算，之下全是奴才。成吉思汗就是這樣，我是大汗、是天，你們全都是奴隸，即是所謂的奴隸制。

中華自古以來並沒有奴隸制，不要覺得現在的歷史劃分，有原始社會、奴隸社會、封建社會，其實中華就經歷

了那兩種體制，禪讓制時也不是奴隸制，氏族的首領也不是奴隸主，百姓不是皇帝的奴隸，堯舜禹更不是建立了國家後採用奴隸制，根本不是那麼回事。我們的歷史其實應該重新劃分，之所以給大家講授這麼多歷史，還是因為涉及到管理，真正我講明白你也看明白，在企業管理、企業繼承上，你才真正會有所受益，這才是真正的學問、真正的智慧。

我們要把盯向西方的眼光收回來，其實現在學的都是西方的皮毛，而西方的總經理負責制、權責分明這套機制，都是西方管理學的假像，不是西方最先進的管理經驗。真正西方正在實行的制度體系，就跟我們的封建制基本上差不多，不要以為西方都是民主國家，以美國為典型都是四年一屆大選，百姓全都參與投票，非常激動。事實上美國總統僅僅是個打工者，根本不是真正的老闆。

我們都知道，美國都沒有國家自己的印鈔權，負責貨幣發行的美聯儲，是屬於幾大家族個人的私人銀行，美國談何民主，從根上就不是民主。掌握國家財權，就有軍事權，也就有經濟權，所有的權利都在於此。美國的財權都

不掌握在國家手中，談何民主政府，只是老百姓自己興奮的一票一票選，但是無論選誰，選的僅僅相當於一個首相，就是打工者，真正的老闆隱在後面，真正掌權的是幾大家族，而那幾大家族同樣是世襲制。這才真正是西方國家的體制，其實不外乎君主立憲制，只是君主隱在了後面，百姓不知道而已。

有些首相、總統上任以後，真覺得自己是民選的，就不聽幾大家族的了，所謂代表百姓的利益，要脫離幾大家族的控制，比如美國有幾屆總統就有此想法，認為自己代表老百姓，是民選總統，不能受大家族的控制，就要擺脫，美國要獨立，結果都被暗殺了。不聽話的總統被暗殺以後，兇手都找不到，其實並不難理解，現在孩子都知道為什麼，因為是背後的主人安排的。宰相選出來後，真正代表誰的利益，不要覺得所謂的民主國家就是代表百姓的利益。所以有種說法，在美國當總統是高危職業。

當今世界，英國、西班牙、日本、泰國，以及阿拉伯國家都是世襲制，其實整個世界找一找，基本沒有不是世襲的地方。所以，我們學習先祖的智慧，真的要學透，然

後要應用，以古鑒今。現實中我們在管理上，也要真正向古人學習，就知道老闆應該怎麼當，應該管什麼，不應該管什麼了。六藝之禮、樂、射、禦、書、數中，御即是專門講管理，講授如何用人，如何做老闆。這就是孔子當時教化學生的六藝，其中包含太多高深的學問。

在此講了這麼多，就是闡明古制是有其意義、有其道理的，尤其是中華的古制，不是僵化的，不是古老的，絕對是先進的、超前的。我們的語言是超前的，文字是超前的，其實沒有任何不是超前的，因為我們中華是神授的文明、神授的信仰、神授的文化體系。不要疑問聖人為何如此制定，因為不是聖人就看不透為什麼，在看不透的情況下不要自認為聰明，就盲目的打破。歷史上所有打破古規古制的人都沒有好下場，也都會給民族、國家、人民帶來很大的災難。如果有機會當皇帝、做帝王，也不要當所謂的聰明皇帝，不要做所謂革命的帝王，可以維新但不可以革命，尤其不能暴力革命。

我雖然講到了國家，但我與國家治理並沒有關係，我們現在是透過國家、民族的歷史發展，講授現代企業如何

管理，即是以古鑒今，以大見小。國家的大事看懂了，再去管理企業就得心應手了，其實都是一個道理，包括家族管理、家庭管理，最終如何修自身，其實都是一個理。也就是儒學所授修行的幾個境界，即儒學的三綱領八條目，是修習儒學的框架和階梯。框架即是三綱領，一為明明德、二為親民、三為止於至善；八條目則是修行的階梯，格物、致知、誠意、正心、修身、齊家、治國、平天下，依此八個階段修行，會修身就能齊家，能齊家就能治國，能治國就能平天下，其實一步一步都是相連的，不是碎片，而是一個整體。

會治國者必會修身、齊家，家族管得都很亂，家庭關係都處理不好，出去當官怎麼可能當好？想治理一座城市、治理整個國家，更是無從談起了。自己的家都理不清楚，老婆天天跟你鬧離婚，孩子也恨你不理你，開口就說心懷天下，心全都在黎民百姓上，所以顧不了自己的家。然而，自己的家、自己最在乎的人、最親的人都顧及不了，卻說為百姓、為人民服務，怎麼可能。父母妻兒不是人民的一部分嗎？而且是你最親的人民，如果都看你不順眼，與你

不親切、不團結，家都治理不好，做不到家庭和諧，家人都沒有對你感恩的，想讓外面的人民百姓對你感恩戴德，累死你也做不到。因為修身沒有修好，家沒有治理好，如何能夠治理天下，正所謂一屋不掃何以掃天下。

中華古人選拔官員，就是看自身的德行，從小到大的經歷，然後看家庭，即家庭治理得如何。如果治理不好自己的家，絕對沒有機會做官。現在的高考制都只憑才能，邏輯思維強、記憶力好、學習能力強的學霸，考大學、考取官員，根本不考慮其德行，不管家庭情況，甚至都稱之為隱私。然而，做官員是要為人民、為百姓服務的，為何還要有這麼多的隱私呢？

如果各位作為老闆，要考核下屬，選拔高階主管，不能僅看個人的表現和能力，這是一方面，更要看這個人的德行，以及這個人真正的管理能力，這些並不是表現在工作崗位上的。工作上好像雷厲風行，做事果斷，有管理能力，其實並不能真正體現這個完整的人，而是首先要看他的家庭、家族，真正有管理能力的人，一定家庭和睦、幸福，家族興旺、團結。用這樣的人做高階主管，把權力交

給他，就能將公司管理的團結、和睦、興旺。家裏什麼都管不好，在家無論對錯全都聽老婆的，上不孝父母，下不管兒孫，即使天天在公司加班，所謂一心撲在工作上，家都不顧了，如果想選這樣的人做公司高階主管，那就錯了，就不是儒學體系所講。

有人說：「老師，您講了這麼多，好像與樂也沒有關係啊？」我們講的所有其實都是有關係的，既是禮的一部分，同時也是樂的一部分，也是成功之道的一部分。六藝就是周初時候用於教化子民的。

有人不敢相信，「老師，真的假的啊？周初到現在三千多年了，那時基本剛剛才脫離原始人，怎麼可能有這麼高的教化呢？都是您臆造的吧？」

不要忘記，我奉行的一定是孔子「述而不作，信而好古」的原則。所以我所講的內容都有根據，從周初之六藝，後由孔子挖掘出來並落地，再後來漢武帝把孔子儒學的教化之道向全國推行。這一套儒學體系首先必須都得學會，同時還要有德行，而後由下面各級政府舉薦，舉薦到朝廷

後任命為官，如此層層舉薦稱為察舉制，意即是考察、舉薦，是最先進的選拔機制。其實已經基本上與西方的競選差不多了，即所謂從社區即是鄉村開始競選，再到市競選、省競選，層層競選，所以參加競選的候選人，不能有瑕疵，不能有劣跡，更不可能不孝順父母、拋妻棄子了，做任何事老百姓時時刻刻都在看著，更有好像現在的媒體狗仔隊，所有候選人都是那種沒有瑕疵的人。家裏的情況都會被翻個底朝天，基本道德必須得有，絕不能任人唯親，百姓眼睛是雪亮的。其實現在西方選舉制，就是漢時運用的察舉制，周時則稱為鄉舉制。

到大唐以後，變成了科舉制。科舉的問題就在於，很大程度上不管德行，也並不是徹底不管，真的是無德之人，障礙也確實很大，會有很多人狀告揭發，但科舉基本上還是以考試成績，或寫文章的水準幾項標準進行選拔。第一標準是字，首先字不好看，則所寫的內容根本都沒人看，所以字一定要漂亮，於是漢唐以後的書法家很多，字寫得很漂亮，就是因為想讀書、想有功名必須都得先練字。現在基本都不練字了，而字就代表著一個人的內涵，文化底

蘊從字上就能表現出來，但也絕不是說字寫得好的人，品德就高、人品就好、就有德行，只是如果字都寫不好，其人的底蘊基本上也不會高，字是最基礎的。

以前都是寫毛筆字，現在則是鋼筆字，而現在有底蘊的人還是寫毛筆字，其實都是有講究的，這方面我們有機緣講六藝之書時，再好好講。現今都不講究寫字了，結果寫出來的字都沒法看了，網上很多有意思的比較，比如民國到現在，著名大學的歷任校長所寫的毛筆橫幅題詞、手書題字都列舉出來，在此不作評價，大家可以各自去看。著名大學應該是孕育中國文學泰斗之地，代表當代中國教育的最高學府，也就是出秀才、舉人、狀元的地方，屬於文化傳承之地，校長本身就應是文化文明傳承的絕對泰斗級人物，如果字都寫不好，大學校長情何以堪。

在此講到這些的意思，就是告訴大家六藝缺一不可，想出人頭地、想成功，僅靠阿諛奉承能成功嗎？現在普遍覺得有人脈，情商高就能成功，其實不然，情商僅是一方面，必須真的有底蘊，聖人所講真正之成功，首先是立德，而後立功，然後還有立言。立言即是傳承，到底能夠傳給

子孫什麼。做人大家都覺得你不錯，做事你當了大官、發了大財，實現了立功，關鍵問題是你有什麼能夠傳承下去？

聖人之三不朽包含三部分，一是品德，高尚的人品能夠傳承下去，子孫銘記自己的祖先即是如此，得向祖先學習，福澤萬民、功高至偉，談及祖先都很自豪。例如曾國藩，本身有著作、家書、遺訓傳承下來，也有精神流傳，是非常有底蘊的人。而我們現在能夠傳承什麼？天天只想賺錢，以為錢能傳下去，但卻不明白錢多了，對於不肖的子孫、培養不好的子孫來講是災，他們不僅會不知奮鬥，而且會成為眾人坑蒙拐騙的目標，將其帶入各種感官刺激、生理追求中，越來越墮落、沉迷、變態，拉下水後謀財甚至害命。如此，本以為給子孫留下了錢，其實根本不是，而是害了子孫。

授之以漁，而不是授之以魚。給子孫留下千萬條魚，覺得千秋萬代都餓不死，其實根本實現不了，多少人都盯著這千萬條魚，子孫如果真的不肖，根本守不住這千萬條魚，很快就會被人瓜分，最後自己一無所有的時候，又沒有學會捕魚的技術，更加一無是處，豈不必然餓死。因此，

所謂富不過三代，其實就是這個理。我們真正要學、要傳的也是這些智慧，無論立德、立功、立言，其實都不離智慧。為人一身傲骨，兩袖清風，一條魚都沒給子孫留下，沒留下錢財，但是給子孫留下了智慧，教給子孫生存的方法，使之在世間得心應手、出人頭地、建功立業，而且能夠立德，人人都稱頌是好人，再把這套智慧繼續傳承下去，如此才是真正的立言，對子孫才真正是有益、有利的。

六藝本就是中華祖先為後世子孫留傳下來的，學習和傳承中華上古文明文化的精英教化之道，是先師孔聖人為了挽救當時的人心不古、禮崩樂壞，重新挖掘、收集和整理出來，使之可以有教無類的廣教眾生。孔子強調克己復禮，告訴我們要透過復周之禮，即恢復周初的禮樂文化，從而恢復中華的精英教養之學，恢復中華博大精深的上古文明，也造就了中華之鐵血大漢、豪邁大唐的文治武功。

在此，從禮樂開始，重新解讀儒學六藝之教化之道、教養之學，亦是為了與有志於恢復中華文明文化的有緣人，一同繼承和發揚中華祖先之大智慧，復我中華之巔峰偉業。隨後將繼續展開講解六藝之奧祕，期待有緣……

明公啟示錄：
范明公解儒學六藝——中華精英的蒙學教育1

作　　　者／范明公
出 版 贊 助／黎尊雯・馮雪清
主　　　編／張閔
美 術 編 輯／申朗創意
責 任 編 輯／林孝蓁
企 畫 選 書 人／賈俊國

總　編　輯／賈俊國
副 總 編 輯／蘇士尹
編　　　輯／高懿萩
行 銷 企 畫／張莉榮・蕭羽猜・黃欣

發　行　人／何飛鵬
法 律 顧 問／元禾法律事務所王子文律師
出　　　版／布克文化出版事業部
　　　　　　台北市中山區民生東路二段 141 號 8 樓
　　　　　　電話：(02)2500-7008　傳真：(02)2502-7676
　　　　　　Email：sbooker.service@cite.com.tw
發　　　行／英屬蓋曼群島商家庭傳媒股份有限公司城邦分公司
　　　　　　台北市中山區民生東路二段 141 號 2 樓
　　　　　　書虫客服服務專線：(02)2500-7718；2500-7719
　　　　　　24 小時傳真專線：(02)2500-1990；2500-1991
　　　　　　劃撥帳號：19863813；戶名：書虫股份有限公司
　　　　　　讀者服務信箱：service@readingclub.com.tw
香港發行所／城邦（香港）出版集團有限公司
　　　　　　香港灣仔駱克道 193 號東超商業中心 1 樓
　　　　　　電話：+852-2508-6231　　傳真：+852-2578-9337
　　　　　　Email：hkcite@biznetvigator.com
馬新發行所／城邦（馬新）出版集團 Cité (M) Sdn. Bhd.
　　　　　　41, Jalan Radin Anum, Bandar Baru Sri Petaling,
　　　　　　57000 Kuala Lumpur, Malaysia
　　　　　　電話：+603- 9057-8822　　傳真：+603- 9057-6622
　　　　　　Email：cite@cite.com.my
印　　　刷／韋懋實業有限公司
初　　　版／2021 年 06 月
定　　　價／300 元
ＩＳＢＮ／978-986-0796-09-4
ＥＩＳＢＮ／978-986-0796-10-0

城邦讀書花園　　布克文化
www.cite.com.tw　WWW.SBOOKER.COM.TW